韓ドラの素晴らしき世界

趙 南哲《チョ・ナムチョル》

コールサック社

「彼女はキレイだった」（2015年）

写真：Everett Collection/ アフロ

「トッケビ～君がくれた愛しい日々～」(2016年)
写真：Everett Collection/ アフロ

「愛の不時着」（2019年）

写真：Everett Collection/ アフロ

「賢い医師生活」(2020年)

写真:Everett Collection/ アフロ

韓ドラの素晴らしき世界　目次

プロローグ

オジサンだって韓ドラオタクだぞ！

①　韓国映画を観に「韓国文化院」通い

私は成人して長年、ドラマではなく映画しか観なかった。映画鑑賞が趣味だった私は、年に一〇〇本を超える映画を観続けて来た。何故なら、映画は二時間、長くても三時間で終わるからである。ドラマは続き物で、最低でも一〇話くらいは観ないと終わらない。私には、ドラマを観るほどの時間的余裕がさほどなかったのである。

高校二年生の時に映画『人間の條件』（五味川純平原作、小林正樹監督、一九五九年および六一年公開）を一挙に観たことがある。朝一番で映画館に入ったが、映画館を出た時、外は真っ暗だった。それもそのはずで、一部、二部、三部を合わせると何と九時間半の超大作なのであった。私は別世界から帰ってきたような衝撃と興奮を、夜気で冷やしたものだ。

また、弟と一緒に観に行ったアメリカ映画『ベン・ハー』（ウィリアム・ワイラー監督、日本公開一九六〇年）にはあまりに感動して、嫌がる弟を宥めながら、連続して三回観た時も（当時は総入れ替え制ではなかった）、外に出た時は暗かった。しかし、これらは私にとっては例外中の例外であった。

それでも、小さい頃、厳格な父親が家にいない時はアメリカや日本のドラマを観た記憶がある。父はタクシードライバーで、一日おきに家にいないから、その時がテレビを観るチャンスだった。家に帰って来る父の単車のエンジン音が遠くからすると、私たちは急いでテレビを消して、脱兎のごとく自分たちの部屋に逃げこんだものだ。

記憶に残っているアメリカのドラマは『逃亡者』（日本での放送は一九六四～六七年）、『奥さまは魔女』（同一九六六～七〇年）、『コンバット』（同一九六二～六七年）だった。

『逃亡者』では無実の罪を着せられた医師が、叡智を働かせて逃亡生活をしながら、自分の無実を証明していく姿に、手に汗を握って感動したものだ。『奥さまは魔女』はサマンサ（エリザベス・モンゴメリー）が可愛く、ちょっとした魔法を、鼻をピクピクさせてかけるところが面白かったが、ダーリンが何でずっと家にいるのか不思議だった（実は今で言うコピーライターなのだが、当時の私にはそんな仕事があることさえ想像できなかったのである）。

だが、一番夢中になって観たのは『コンバット』だった。幼いながら、ドイツ兵は悪い奴で、アメリカ兵は良い人だという認識がしっかりと刷りこまれた。とくにサンダース軍曹（ヴィック・モロー）が冷静沈着に危機を脱する指揮ぶりには、いつもハラハラドキドキしながらも感心して観ていた。自然とアメリカ兵に感情移入し、応援していたのであった。しかし、このドラマを観たお陰で、私は徹底した反戦主義者になったのだが。

日本のドラマでは、『若者たち』（一九六六年放送）、『泣いてたまるか』（一九六六年、六八年放送）が記憶に残っている。

『若者たち』は両親が相次いで亡くなった後、残された五人兄弟が貧しい生活を強いられ、喧嘩しながらも、助けあって生きる姿を描いた物語だが、何度涙したか分からない。私も五人兄弟姉妹の第一子だったので、他人事ではなく、自分たちも親が亡くなったらどうしようという切実な思いもあったのだろう。主題歌は今でもうたえる。

『泣いてたまるか』は一話完結のドラマだったので、とびとびに観ていても面白かった。とくに主演の渥美清（一九二八〜九六年）の演技は、子どもながらも凄いと思いつつ、笑ったり泣いたりしたものだ。散髪屋の息子が親の後を継ぐ話は、とくに記憶に残っている。

こうやって見ると、小学生だった私はけっこう暇があったようで、かなりドラマを観ているが、中学、高校時代はほとんどドラマを観ていない。勉強やクラブ活動で忙しかったのだ。大学時代は全寮制で、しかも各部屋にはテレビがなかったので、当然、観ていない。しかし、一度だけ例外がある。それは『ルーツ』（日本での放送は一九七七年、全八話）だった。

この作品は、アフリカから強制連行された黒人奴隷にルーツをもつ作家アレックス・ヘイリー（一九二一～九二年）の自伝小説をドラマ化したもので、当時、世間で非常に話題になっていたこと、在日コリアンとして私自身が自分のルーツ、アイデンティティに対して強い興味をもっていたこともあり、同級生数人と示しあわせて、夜の事務棟に忍びこみ、そこにある大型テレビで観たのである。最終回まで観て、事務員にバレないで観終わったことにホッとしていたが、その現実を忘れるほど心から感動した素晴らしいドラマであった。


大学を卒業して、朝鮮新報社に配属された。日本語版機関紙の『朝鮮時報』の記者になってからは、仕事を終えると、当時は池袋のサンシャインシティにあった「韓国文化院」にしょっちゅう韓国映画を観に行った。無料だったこともあるが、韓国映画に大きな興味があったのである。

朝鮮戦争（一九五〇～五三年）を描いた作品が多かったが、北朝鮮映画の描き方との違いが私にはとても興味深かった。北朝鮮映画では敵はすべて白人のアメリカ人なのに、韓国映画での敵は北の人民軍だけなのである。朝鮮戦争を真反対の立場から描くところに、また朝鮮戦争を北朝鮮は「祖国解放戦争」と言い、韓国は「6・25（ユギオ、戦争が始まった日が一九五〇年六月二五日だったことから)」とか「韓国戦争」と言うところに、南北の決定的な違いがあるのだと実感したものだ。

　題名は忘れたが、印象に残っているのは、朝鮮王朝時代末期に禁制となったキリスト教を信じる人びとが苛酷な弾圧を受けて、悲惨な運命をたどる姿を描いた超大作だった。大きな洞窟の中で救済を求めてキリストを拝む多くの信徒の姿は、圧倒的なシーンとして今も目に焼きついている。

② 韓ドラとの出会いは『ホ・ジュン』だった

　さて、韓ドラ(韓国ドラマの略称)との出会いについて話さなければならない。

　ある日、四階にある本紙編集部に行ったところ、これまでなかったテレビが新しく設置されていた。そこで画面に流れていたのが、後で分かるのだが『ホ・ジュン　宮廷医官への道』(イ・ビョンフン演出、一九九九〜二〇〇〇年まで韓国で放送、全六四話)であった。

　途中まで何が何やら分からずに、しばらく立ちつくしたまま観たのだが、「これは面白い」と直観した。日本でのテレビ放送は二〇〇七年だが、この時は新聞社が契約していたKNTV(韓国の主要放送局であるMBCやSBSの番組を中心に放送している韓流専門チャンネル)の放送が流れていたのである。

後に、私は日本のテレビ放送で全話を観たのだった。

妾の子として生まれ、密貿易や身分違いの結婚をしたという「大罪」を犯し、逃亡途中で医学の師匠と出会い、「心医」を目指して精進し、さまざまな困難を乗り越えて御医《オウィ》（王の主治医のこと）にまで上りつめ、朝鮮第一の医書として名高い「東医宝鑑《トンウィポガム》」を編纂した歴史上の人物である許浚《ホ・ジュン》（一五三九〜一六一五年）の一生を描いた壮大な物語に感服し、感動したものである。

『ホ・ジュン』を観る前に私は、仲間内で評判になっていた『砂時計《モレシゲ》』を真っ先に観た。どういう方法で観たのか、今となっては記憶が定かではないが、おそらく同僚がKNTVで録画したビデオを借りて観たのだと思う。

この作品（二四話）は一九九五年、SBSで放送されたのだが、七〇年代から九〇年代にかけての激動する韓国現代史を生き抜いた三人の若者を主人公にして、初めて光州《クァンジュ》事件を扱ったドラマ（当時、戒厳軍に弾圧され、虐殺される市民の映像もドラマで初めて紹介）として人気が沸騰し、平均四五％の視聴率を叩きだした。放送時間になると通りが閑散となることから、「砂時計」をもじって「帰宅時計」とも評された。

ソン・ジナが脚本を書き、キム・ジョンハクが演出したが、この作品はその後の韓ドラの方向性を決定づけるほどの影響力をもった。私にとっても、分水嶺のようにこの作品から韓ドラの世界にはまって行ったと言っても過言ではないほど、心揺さぶられた作品だった。

次に全話を観たのが、私も例に洩れず、日本の中年女性たちが夢中になった『冬のソナタ』（二〇〇二年、二〇話）であった。今更ストーリーを紹介する必要もないほど、この作品は韓流ブームを日本やアジアで巻き起こすきっかけとなったドラマであるが、日本でも主役のペ・ヨンジュンを「ヨン様」と呼ぶ女性ファンが急増し、相手役のチェ・ジウも人気が高まった。「冬ソナ現象」という社会現象にもなった。この作品を演出したのがユン・ソクホだが、彼は「四季シリーズ」の一つとしてこの作品を作ったのであった。

『秋の童話』（二〇〇〇年、一六話）は視聴率四二％を超えるほど、韓国でも人気があった。他にも『夏の香り』（二〇〇三年、二〇話）、『春のワルツ』（二〇〇六年、二〇話）、そして『ラブレイン』（二〇一二年、二〇話）があり、ユン・ソクホは韓国随一のドラマ演出家として、その名声を日本にまで轟かせることになるのである。私はこれらをすべて観たが、ユン・ソクホの初恋や過去の純愛を美しい映像で表現する、その独特の世界観に魅了されたものである。

③　韓国時代劇がアジアで一大ブームに

私はいつの間にか、韓ドラの虜になっていた。当時はテレビで放送される韓ドラを片っ端から録画して、仕事を終えて帰宅し、深夜まで観るパターンの生活が続いた。

ＫＮＴＶには加入していなかった。加入費が高かったからだ。ＮＨＫＢＳをはじめ、日本のテレビ放送はＫＮＴＶより一、二年、時には数年も放送が遅れていたが、韓流ブームの影響で多くの韓ドラが地上波でも放送され始めていたので、その録画を消化するのが忙しかった私には、さほど大きな問題にはならなかったのである。

それから視聴可能な韓ドラを次々と観て行った。最初は主に時代劇を観た。ここでも大ヒット作から始まったのは必然の流れだったのだろうか。その作品は、皆さんもよくご存知の『宮廷女官チャングムの誓い』（原題『大長今《テジャングム》』、二〇〇三年、イ・ビョンフン演出）である。これもあまりに有名なので説明する必要もないだろうが、五〇％を超える視聴率を記録し、凄まじい人気に全五〇話の予定が全五四話に延びたという伝説の作品である。

奴婢から商いの道に入り、商売敵の度重なる謀略を克服して郡守《クンス》（現在の日本で言えば県知事のような役職）になって善政を施し、民を救った実在の大商人、林尚沃《イム・サンオク》（一七七八〜一八五五年）の生涯を描きながら、商いの真髄とは利益を残すことではなく、人間を残すことだということを説いた『商道《サンド》』（二〇〇一年、六六話）。

朝鮮王朝二二代国王で、名君だったと評価されている正祖《チョンジョ》（一七五二〜一八〇〇年）を主人公にした『イ・サン』（二〇〇七〜〇八年、七七話）。

そして、一七世紀後期から一八世紀前期の朝鮮王朝時代を舞台に、賤民として生まれた少女が長じて宮中の女官になるが、宮中で繰り広げられる権力争いで起こるさまざまな難事件を生まれもっての機知で次々と解決し、当時の国王・粛宗《スクチョン》（一六六一〜一七二〇年）の側室にまで上りつめ、死後に息子が国王・英祖《ヨンジョ》（一六九四〜一七七六年）になるという波乱万丈の人生を誠実に、そしてコミカルに描いた傑作時代劇『トンイ』（二〇一〇年、六〇話）。この作品で魅力的なヒロインを演じた、ハン・ヒョジュの代表作と言っても良いだろう。

これまで韓国時代劇と言えば主に朝鮮王朝時代が舞台だったが、三国時代（高句麗《コグリョ》、百済《ペクチェ》、新羅《シルラ》）の百済を舞台にし、百済の王子と敵国である新羅の王女との純愛物語とともに、王になる道がいかに困難かを描いた『薯童謡《ソドンヨ》』（二〇〇五年、五五話）などで、イ・ビョンフンは一挙に知名度をあげ、アジアに一大韓国時代劇ブームを巻き起こすヒットメーカーとなった。

彼は二〇一二年には、白丁《ペクチョン》（部落民）から馬の獣医を経て、御医になった実在の人物である白光炫《ペク・クァンヒョン》（一六二五～九七年）の生涯を描いた『馬医』（五〇話）、二〇一六年にも、一六世紀半ば、監獄で生まれ育った少女が知恵と機転でいくつもの困難を乗り越え、自分の人生と愛を手にする『オクニョ　運命の女』（原題『獄中花』、五一話）を演出し、その健在ぶりを示した。彼は、時代劇のプロフェッショナルと言っても過言ではないだろう。

④　朝鮮の歴史をリアルに教えてくれた時代劇

その他にも多くの時代劇を観た。どれもドラマ作品として非常に面白かったし、何よりもこれまで大学の講義だけの字面で知っていたつもりになっていたが、実はよく知らなかった過去の朝鮮の歴史を具体的に知ることができたのは、私にとって大きな収穫だった。次に、朝鮮の歴史を描いた傑作とも言える、代表的な大河時代劇をいくつか紹介してみる。

『海神《ヘシン》』（二〇〇四年、五一話）
最高視聴率三六％、平均視聴率三〇％を記録したが、統一新羅《シルラ》の時代に実在した人物、張保皐《チャン・ボゴ》（七九〇年頃〜八四一年）を主人公にして、八世紀から九世紀にかけての東アジアを舞台にした壮大なサクセス&ラブ・ストーリーの名作。

『朱蒙《チュモン》』（二〇〇六年、八一話）
平均視聴率四〇・九八％を記録したが、高句麗《コグリョ》の初代王とされる朱蒙（東明聖王《トンミョンソンワン》、紀元前五八年〜紀元前一九年）を主人公として作られた史劇ファンタジー。
しかし二〇〇四年、中国政府が「高句麗はわれわれの地方政府であり、中国の歴史である」と発表したことで、韓国側は高句麗の後継国家であった高麗《コリョ》が英語の「コリア」の語源となったことなどを鑑みてこれに猛反発、高句麗が朝鮮の歴史であることを訴えるキャンペーンを展開した。その一環として制作されたこの作品は、韓国人のナショナリズムを大いに刺激して、最高視聴率は五三％という驚異的な数字を叩きだすほどの大ヒット作となった。

『大王世宗《テワンセジョン》』（二〇〇八〜〇九年、八六話）
私の妻が、二人の子どもが通っていた朝鮮学校から貰ってきた（誰も観る者がいないので）、字幕がついていないビデオを観た。最初は理解できるか不安だったが、ストーリー展開があまりに面白くて、いつの間にかドラマの世界に没入し、字幕がついていないことにも気づかないほど一気に観終わった。

世宗（一三九七〜一四五〇年）は朝鮮王朝第四代国王で、歴代王の中でも随一の賢君として崇められ、国王の名の前後に「大王」とつけられるほどの聖君だった。

たとえば、宮中に学問研究所である「集賢殿《チプヒョンジョン》」を設置し、若くて有能な儒学者や官奴、外国人を採用して政策を研究させ、文化や科学、文治政治を革新的に発展させた。

また、もっとも有名な功績が、今、韓国でも北朝鮮でも共通に使われているハングルを創製したことである。

ハングルとは、学問（歴代中国国家の漢字で書かれた思想や文化、科学）を学んだ特権支配階級である両班《ヤンバン》しか分からない漢字を理解できない庶民が読み書きをできるように、口や喉、歯や舌の形を模して作られた表音文字である。しかし、この創製作業には当時の宗主国である明（現在の中国）に反旗を翻す愚策だとか、従来の両班による支配構造や既得権益を揺るがすものだとして、両班たちの強い反対や妨害工作に遭った。

世宗はこれに屈することなく最後まで完成させ、「訓民正音《フンミンジョンウム》」として広く世に知らせる。それが整備されて、現在のハングルになり、世界中で学びやすい文字として高く評価されている。この素晴らしいシンプルな文字を朝鮮民族が獲得したのは、ひとえに世宗のお陰なのである。

その難事業の過程は、『根の深い木　世宗大王の誓い』（二〇一一年、二四話、特別編三話追加）でもフィクションを前提にし、ミステリー仕立てで詳しく描かれている。

文字創製事業に関わる人物たちが、次々と謎の死を遂げる。犯人は王権を牽制する秘密組織「密本《ミルボン》」であった。クライマックスで世宗と密本の頭領が巨岩の上で激しく論じあうシーンは、フィクションとは言え圧巻であり、当時、新しい文字を作るということが国の根本を変える、いかに大変なことだったかを知るうえで非常に役立ったものだ。

参考として、映画『世宗大王　星を追う者たち』（二〇一九年、ホ・ジノ監督）も紹介しておく。世宗を理解するうえで非常に役立つ、感動的な作品であった。

⑤　天下泰平ではなかった朝鮮王朝時代

続いて、いくつかの見応えのある時代劇だけを簡単に紹介しておこう。

『チャン・ヒビン』（二〇〇二年、一〇〇話）
張禧嬪《チャン・ヒビン》（一六五九～一七〇一年）はその美貌で王を虜にし、自らの野望を貪欲に追い求めた稀有の悪女だが、韓国では彼女を主人公にした作品が人気を呼び、五度ほど大河ドラマとして制作された。この作品はその内の一つである。

『女人天下』（二〇〇一年、一五〇話）
朝鮮王朝三大悪女の一人、鄭蘭貞《チョン・ナンジョン》（生年不詳～一五六五年）は卑賤の身として生まれたが、権力争いの中心人物として暗躍した。最後には悪事が祟って没落するという作品だが、好意的に見れば一種の立志伝とも言える。

『王の女』（二〇〇三年、四二話）
壬辰倭乱《イムジンウェラン》（日本では「文禄の役」と言うが、簡単に言えば朝鮮侵略戦争である）や、朝廷への反乱という激動する時代を舞台にして、王朝を守る人びとを描いた作品。

『張吉山《チャン・ギルサン》』（二〇〇四年、五〇話）
一七世紀の朝鮮王朝時代に活躍した義賊である張吉山の人生と、その活躍を描いた作品。

『風の絵師』（二〇〇八年、二〇話）

一八世紀に実在した二人の天才画家である金弘道《キム・ホンド》と、その弟子・申潤福《シン・ユンボク》を女性として仮想し、二人の愛とその運命を描いたフィクション推理史劇。

一一年前に八〇歳で亡くなった私の父は、肝臓がんに冒された最晩年はどこにも出かけることもなく、母にビデオを借りに行かせては、寝室にこもって「仕事」のように韓ドラを観ていたが、このドラマは「訳が分からん」と怒っていた。しかし私は、これは完璧に成功した意欲作だと思っている。

『推奴《チュノ》』（二〇〇九年、二四話）

推奴とは朝鮮王朝時代に実在した職業。逃亡した奴婢《ノビ》（最下層の人間のこと）を捕まえる男と、武将から奴婢に転落して逃げる男、そしてその狭間で二人に関わることになる美しい女性が推奴から逃げるロード・ムービーみたいな物語である。海辺で行なわれる決闘シーンが美しく、魅了された。

ただ「逃亡生活をしているのに、何故、ヒロインのイ・ダへが最後まで美しすぎるのか」という批判も出た。確かに不自然だが、私は薄汚れたヒロインなど見たくないので、これはこれで良かったと思っている。

『王女の男』（二〇一一年、二四話）
朝鮮王朝第七代王・世祖《セジョ》（一四一七～六八年）の娘と、王によって殺された家臣の息子の切ない恋愛と復讐を描いたフィクション時代劇。愛する男が王の命令によって弓矢で攻撃されるのを、身代わりになって守ろうとするヒロイン、ムン・チェウォンの演技が強く印象に残った。

『帝王の娘スベクヒャン』（二〇一三～一四年、一〇八話）
六世紀の百済《ペクチェ》を舞台にして、百済第二五代王の実の娘であるスベクヒャンが、王の血は継いでいない妹が王の娘だと名乗り出たことによって、数奇な運命をたどる様を描いた壮大な物語。これは二回観たが、何度観ても観応えのある名作だった。
私の好きな俳優である主役のソ・ヒョンジンは、この後も数々の現代劇の主役を務めるなど大活躍しているが、この作品は彼女の代表作と言っても良いだろう。

『チャン・ヨンシル　朝鮮伝説の科学者』（二〇一六年、二四話）
賤民出身であるが類まれな才能で、朝鮮王朝第四代王である世宗に認められた蔣英実《チャン・ヨンシル》（一三八三～一四五〇年）が、天を読み解き（天体観測）、時を計った（時計の作製）当代随一の科学者へと成長していく生涯を描いたヒューマン・サクセス・ストーリー。

『雲が描いた月明かり』（二〇一六年、一八話）

朝鮮王朝時代、幼い頃から男装してきた女性が世子《セジャ》（王位継承者）と最悪の出会いをするが、内官《ネグァン》（去勢を施された官吏）として登用される。彼女と世子は徐々に惹かれあうが、宮中の陰謀に巻きこまれていくという物語。

『緑豆《ノクトゥ》の花』（二〇一九年、二四話）

甲午《カボ》農民戦争（一八九四〜九五年、東学党の乱とも呼ばれる）の指導者・全琫準《チョン・ボンジュン》（一八五四〜九五年）と、蜂起した人びとの運命を描いた歴史大作。朝廷は清に援助を要請するが、日本軍が朝鮮に出兵し、朝廷を占領したことで、朝廷は農民軍と結んだ和議を反故にする。その裏切りによって、近代兵器で武装した日本軍の前に農民軍は惨敗する。

その後、日清戦争を経て、朝鮮は日本の植民地となっていくのだが、武器と言えば鎌と竹槍だけの農民軍は、日本軍の圧倒的な火力の前に為す術もなく、三〜五万人が殺戮されたと言われる。このあたりの歴史的経緯がイマイチ、よく理解できていなかった私にとって、この作品は多くの事実を教えてくれた貴重なドラマとなった。

『太宗《テジョン》イ・バンウォン　龍の国』（二〇二一〜二二年、三二話）

「KBS大河ドラマ」としては『チャン・ヨンシル』以来、五年ぶりとなる正統派時代劇。高麗という国を倒し、朝鮮という新しい国を開いた李成桂《イ・ソンゲ》（一三三五～一四〇八年）のことは知っていたが、百戦百勝の将軍の彼が反乱（クーデター）を起こして朝鮮を建国した後も、多くの息子（後妻の息子を世子にしたことで反発を買う）たちの対立がやまず、結局、本妻の五男である李芳遠《イ・バンウォン》（太宗《テジョン》、一三六七～一四二二年）がふたたび反乱を起こして三代国王になること、父親がまた反乱を起こして息子に平定されるなど、朝鮮王朝建国初期の激動した歴史的事実は、このドラマを観て初めて知った。

韓ドラの時代劇では主に朝廷内での世継ぎをめぐる権力争いが描かれるが、五〇〇年にわたる朝鮮王朝時代は、江戸時代と違ってけっして天下泰平の世ではなかったのだろう。

⑥　社会的問題を積極的に扱う現代劇

日本で紹介される韓ドラも初期の頃は長編の大河時代劇が主流であったが、現代を扱ったドラマにも良作があることに気づき、徐々にそちらにシフトを移していく。韓国でも次第に、莫大な制作費がかかる時代劇は、あまり作られなくなったという事情もある。次に現代劇ドラマで私が良かったと思う作品の一部を、これも簡単に列挙しながら紹介してみる。

『フルハウス』（二〇〇四年、一六話）

最高視聴率四〇％を獲得した超人気ドラマ。女性の貧乏作家が両親の遺産として受け継いで暮らしていた「フルハウス」が、外国旅行から帰って来ると、手違いで有名俳優の物になっていた。仕方なく彼女はその家の家政婦になって働いて住まわせてもらうが、徐々に二人は愛しあうようになる。コメディ要素の強い作品でずいぶんと笑わせてもらったが、何よりヒロイン役のソン・ヘギョがとても可愛かった。

『神様、お願い』（二〇〇五年、八五話）

孤児の女性は意地悪な継母の下で悲惨な生活を送っていたが、ある男性と恋に落ちる。しかし、その後、彼が実母の義理の息子だと知って苦悩するが、最後は彼と結婚して子どもを産む幸せな人生を生きるまでを描いた作品。

これには国内で賛否両論が沸き起こった。「近親相姦ではないか」という反対意見に、実母の深い愛情が主題であるという制作側の説明で何とか一件落着した。

バックミュージックとして何度も流れる曲は、母の愛を深く感じさせるのに大いに貢献した。後で知るのだが、この曲は歌劇『リナルド』の中のアリア「私を泣かせてください～涙の流れるままに」なのだった。この曲に浸りながら、私はヒロインのユン・ジョンヒの大ファンになった。この作品は最高視聴率四五％を記録したのだが、彼女はその後の作品にはあまり恵まれなかった。

『愛・共感』（二〇〇五年、二四話）

中年の既婚男性が、ある日、ふいに訪れた初恋の女性との嵐のようなロマンスと、家族への愛との間で揺れ動く苦悩を描いた作品。これまでの韓ドラは恋愛と言えば若者の特権のような作品がほとんどだったが、この作品は、中年の男女にも純愛があるのだという問題を投げかけ、真実の愛とは何かを問う問題作となった。

『私の名はキム・サンスン』（二〇〇五年、一六話）

最高視聴率五〇・五％を叩きだした超人気作品。独身女性のパティシエが彼氏に浮気され、職場も解雇されるが、青年実業家と出会って、彼の経営するレストランにも再就職できる。ひょんなことから二人は契約結婚をすることになり……。コメディと言っても良いラブ・ロマンス・ドラマ。若い頃のヒョンビンが初々しい演技を見せている。

『ベートーベン・ウィルス　愛と情熱のシンフォニー』（二〇〇八年、一八話）

高名だが気難しい指揮者が、音楽に挫折した人びとをまとめて市民オーケストラを作りあげる物語。

途中で厳しい指導に市民たちが挫けそうになった時、指揮者は映画音楽の巨匠で『ニュー・シネマ・パラダイス』（一九八八年、ジュゼッペ・トルナトーレ監督）で知られるエンニオ・モリコーネが作曲した『ガブリエルのオーボエ』の世界（映画『ミッション』で主人公が先住民と初めて遭遇するシーン）を説明してから演奏を始めさせる。すると、市民たちはスタジオで演奏しながらも、爽やかな風が吹く草原で演奏しているような錯覚を覚え、真の音楽、真の演奏とは何かを自覚する。このシーンが何とも言えず素晴らしかった。以来、私はこの曲を何度も聞きかえしている。

『宝石ビビンバ』（二〇〇九年、五〇話）

宝石の名前をそれぞれつけられた四人の兄弟姉妹が、それぞれの愛の形を追い求めていくホームコメディだが、この作品には大いに笑わせてもらった。ほのぼのとした展開の中にも、強い絆で結ばれた兄弟愛がしっかりと描かれていた。

『明日に向かってハイキック』（二〇〇九年、一二六話）

老いも若きもそれぞれの愛を求め、格差問題や若者の就職難などの社会問題を扱いながら、シットコム（登場人物や場面設定が固定されており、一話完結で連続放映されるコメディドラマ）独特の笑いで表現し、抱腹絶倒の面白さの中にも涙を誘うホームドラマの傑作である。二〇一〇年の百想《ペクサン》芸術大賞（中央日報が主催する総合芸術賞で、韓国のゴールデングローブ賞とも呼ばれる）の作品賞を受けた。

『危機一髪！　プンニョンマンション』（二〇一〇年、二〇話）

父が遺したオンボロマンションを相続した女性だが、住民はみな怪しい人物ばかり。マンションに金塊が隠されているという怪情報に、謎と欲望に満ちた金塊争奪戦が展開される。放送当時はあまり話題にならなかった作品だが、ブラック・コメディの傑作だと私は思っている。

『お隣は元ダンナ』（二〇一〇年、六五話）

離婚した夫婦が隣同士で住むことになり、激しいラブ・バトルを繰り広げるコメディ。離婚しても完全に離れられない二人の姿が微笑ましく、笑いを誘う。

『きらきら光る』（二〇一一年、五四話）

金持ちの娘として何不自由なく生きてきた女性が、ある日突然、同じ日に、同じ産院で産まれた女性と入れ違ったことが判明し、突然、ビンボー娘に転落するが、雄々しく生きる波乱万丈の逆転サクセス・ストーリー。

『恋せよ、シングルママ』（二〇一一年、五〇話）

一九歳で妊娠した女性が、天真爛漫なシングル・マザーとして明るく、逞しく生きる姿を描いた作品。最高視聴率二一％を記録した。

『烏鵲橋《オジャッキョ》の兄弟たち』（二〇一一年、五八話）

息子を四人ももつ夫婦はソウル近郊で農場を経営していたが、そこに金持ちだった親をもつワガママ娘が一緒に暮らすことになり、騒動が連続して起こる様をコミカルに描いたホームドラマ。最高視聴率三六・三％を記録した作品。

『屋上部屋のプリンス』（二〇一二年、二〇話）

三〇〇年の時を超えて世子とその部下たちは、現代に生きる若い女性が住むオクタプパン（建物の屋上に作った簡素な家）にタイムスリップする。彼らは彼女の助けを借りて徐々に現代生活に慣れていくが、その過程はコミカルな演技で爆笑ものだ。やがて世子は彼女を愛するようになるが、過去に戻るべきか、現代に残るべきか、切ない恋愛を通して、真実の愛とは何かを描くファンタジー・ロマンス作品で、とくに若者の人気を獲得した。

『秘密』（二〇一三年、一六話）

愛を信じられない男性と、愛に裏切られた女性のラブ・ストーリー。愛と復讐のメロドラマ。マクチャンドラマ（先の見えないジェットコースターのような展開が連続するドロドロ愛憎劇）の一種。

『大切に育てた娘ハナ』（二〇一三年、一二二話）

醬油製造四〇〇年の老舗を舞台に、母と姉たちと会社を守るために、男として生きることを選んだ四女が、後継者争いや敵対的買収を企む企業と闘い、老舗を守りぬく話。ヒロイン役のパク・ハンビョルの演技が光っていた。

『君の声が聞こえる』（二〇一三年、一八話）

目の前で父親を殺された少年は、その時から人の心の声が聞こえるようになる。犯人は女子高生の証言で監獄に入れられる。数年後、少年は高校生に、女子高生は国選弁護士になっていたが、仮釈放でシャバに出て来た凶悪犯は弁護士に復讐するため彼女の命を狙う。しかし、心を読める高校生はその能力を生かして彼女を守りぬく。ラブコメと法廷サスペンスを合体させたような作品である。

『星から来たあなた』（二〇一三年、二一話）

韓ドラは恋愛物が多いが、その恋愛対象が実にさまざまだ。時には人魚（『青い海の伝説』）、時にはロボット（『ロボットじゃない君に夢中』）、果ては「滅亡」（『ある日、私の家の玄関に滅亡が入ってきた』）……。

そしてこの作品は何と、宇宙から来た地球外知的生命体との恋愛物語だ。しかし、四〇〇年あまりも地球で孤独に生きて来た宇宙人が、やっと故郷に帰れる日を前にして、地球の女性と恋に落ちてしまう。切なくて、感動的なラブ・ストーリーである。最高視聴率三三・二％を記録し、韓国で一大ブームを巻き起こした傑作。

『パンチ　余命六か月の奇跡』（二〇一四年、一九話）

不正に手を染めて来た敏腕検事が、余命六か月と宣告され、心を入れ替えて悪と闘う検事に変身する。離婚した妻が育てていた娘が事故に遭うが、検事は自分の命と引き換えに娘を救うために奮闘する。驚愕のラストシーンが心を揺さぶり、涙を誘う。

『恋のスケッチ　応答せよ1988』（二〇一五年、二〇話）
イ・ウジョン脚本、シン・ヨンホ演出による「応答せよシリーズ」の三作目。ソウル五輪が開催された一九八八年を舞台にして、ソウルの下町で実の兄妹のように育った五人の子どもたち（うち一人だけ女の子）の成長と恋愛、五組の仲の良い家族が繰り広げる人情味溢れる生活を描き、郷愁を誘いながらも、抱腹絶倒のストーリー展開に心が癒される。劇中に時々入るヤギの鳴き声が、笑いを増幅させる。古き良き時代を懐かしみながら、人間本来の生活する姿を描いた傑作。

『W　君と僕の世界』（二〇一六年、一六話）
ヒロインはウェブトゥーン作家の父親が連載している大人気連載マンガ『W』の世界にいつしか吸いこまれ、イケメンで素敵な「マンガの主人公」に恋するが、彼を狙う者が現われ、主人公は何度も危機に陥る。そのたびに、ヒロインがストーリーを変えながら主人公を救う。マンガと現実という、二つの世界を同時に描いたファンタジック・ラブ・ストーリーの意欲作。

『被告人』（二〇一七年、一八話）
どんな不正や悪事も見逃さない熱血漢の検事がある日、目を覚ますとそこは監獄だった。彼は四か月間の記憶を失っていたが、妻と娘を殺した罪で収監されていたのだ。彼は追いつめられながらも、同じ監房の囚人たちの協力を得て脱獄し、自分を陥れた巨悪と闘い、二転三転の末に驚愕の真実を明らかにしていく。平均視聴率二一・七％を樹立したリベンジ・サスペンスの傑作。主人公を演じたチソンの代表作と言っても良い。

『師任堂《サイムダン》 色の日記』（二〇一七年、二八話）

一六世紀、朝鮮王朝時代の有名な女性画家で、現在の五万ウォン紙幣の肖像にもなっている申師任堂《シン・サイムダン》（一五〇四〜五一年）の初恋と、彼女の残した作品をめぐる現代の抗争を交互に描いた意欲作。師任堂と現代の美術史家の二役を演じたイ・ヨンエが美しく、とても魅力的だった。名作と言っても良いだろう。

『ＳＫＹキャッスル　上流階級の妻たち』（二〇一八年、二〇話）

超高級住宅街に住む上流階級の人びとの子どもをめぐる異常な教育熱（今は教育虐待と言うらしい）と熾烈な競争、複雑な人間関係を描いたブラック・コメディ。最高視聴率二三・八％を記録し、社会現象にもなった作品。Ｓはソウル大学校、Ｋは高麗《コリョ》大学校、Ｙは延世《ヨンセ》大学校のイニシャルを合わせたもので、学歴が極端に重視される韓国社会では「ＳＫＹ」でなければ認められないという風潮を揶揄し、皮肉たっぷりに描いている。
欧米の大学入試は主に高校の成績が重視され、書類審査で選考する国が多い。一発入試というものは、日本・中国・インドなどアジア圏だけで実施されている入試制度のようだ。昔の中国から伝わった試験制度である科挙《クァゴ》の延長線上で、現在の苛酷な受験競争があるのだと思われるが、そろそろそんな非効率で、受験生に苛酷な過程と結果を強要する一発入試という試験制度はやめるべきではなかろうか。そんなことを深く考えさせるドラマである。

『30だけど17です』(二〇一八年、三二話)
バイオリニストを目指していたが、交通事故に遭って昏睡状態に陥り、一七歳の心のまま三〇歳になって奇跡的に目覚めた女性と、初めて片思いした彼女の事故を目撃したトラウマで心を閉ざした男性が、互いの正体を知らないまま再会し、愛しあうまでを描いたヒーリング・ラブ・ストーリー。主人公役のシン・ヘソンの代表作と言っても良いだろう。

『医師ヨハン』(二〇一九年、一六話)
患者の原因不明の痛みを緩和するために奮闘する、ペインクリニックの若い医師たちの成長と葛藤を描いたヒューマン・ドラマ。主役のチソンが先ごろ、先天性脊椎分離症を患っていることを告白したが、それを知って観ると身につまされる作品である。

『自白』（二〇一九年、一六話）

殺人を自白して死刑囚として収監されている父親（軍人）の事件に疑問を抱いた息子の弁護士は、ある刑事と一緒に事件の真相に迫っていく。父の再審請求を準備する過程で、軍の兵器調達の不正を暴くことになる法廷捜査サスペンスの傑作。主役を務めたジュノの代表作と言っても良いだろう。

『愛の不時着』（二〇一九年、一六話）

韓国の財閥令嬢がパラグライダーに乗っていて、突然の竜巻に巻きこまれる。北朝鮮側に不時着したところを北朝鮮の軍人に助けられ、軍人の家に匿われる。彼女は最初、北朝鮮のつましい生活に驚くばかりだったが、じきに純朴な村人や軍人たちの協力を得て生活にも慣れていく。二人は徐々に惹かれあい、南北分断という厳しい状況を乗り越えて、真実の愛に不時着するというラブ・ストーリー。

この作品は世界的に大ヒットしたが、この後、映画『ザ・ネゴシエーション』（二〇一八年、イ・ジョンソク監督）で初共演を果たしたヒョンビンとソン・イェジンが、この作品でも共演した後、二〇二二年、実際に結婚したことで大きな話題にもなった。北朝鮮の庶民の生活や社会の実態を偏見の目ではなく、できるだけ忠実に描こうと努力した良作である。

『その男の記憶法』（二〇二〇年、一六話）

ニュース番組でアンカーを務める、完璧な男には秘密があった。それは、見たものをすべて記憶する「過剰記憶症候群」だった。ある日、番組に天真爛漫な女優が出演するが、二人が交際しているという虚偽報道が流され、二人は実際に付きあうことになる。女優は過去のショックな出来事で部分的に記憶を失っていた。すべてを忘れられない男と、記憶を失った女のミステリアスなラブ・ロマンス。

『賢い医師生活　1・2』（二〇二〇〜二一年、全二四話）

大学病院で働く教授と専攻医（研修医）たちのリアルな生活と友情を描いたヒューマン・メディカル・ドラマ。大学で同期だった五人（うち一人は女性）は同じ病院で献身的に働きながら、時々集まってはバンド演奏を楽しむ。この作品がドラマ初出演となるミュージカル女優のチョン・ミドがボーカルを担当するのだが、音痴の役をやるのが笑える。

生と死が同居している大病院で、長時間労働に堪え、何かと多忙な医師としての務めを立派に果たし、恋愛もしながら、プライベートもエンジョイする理想的な医師の姿を提示し、心を癒してくれる傑作ドラマ。

脚本家であるイ・ウジョンと演出家のシン・ウォンホのコンビは、「応答せよシリーズ」三作のほか、「賢い生活シリーズ」の二作目として、この作品を作った。どれも過去を懐かしく回想しながら、笑えて泣ける傑作で、この二人はヒット作を連発する最強のコンビである。二人は天才的な脚本家・演出家だと私は思っている。

『アンダーカバー　君を守りぬく』（二〇二二年、一六話）

国家安全企画部（安企部）のスパイとして、民主化を求める学生運動に偽名で潜入した男性が、そこで出会った女子学生と結婚し、家事をすべてこなしながら、人権弁護士になった妻や子どもを献身的に支える。しかし、妻が「高位公職者犯罪捜査処」の処長に推薦されるや、安企部の元上司が陰謀をめぐらして妨害する。それを夫は陰で防ぎながら、妻を支え続けるという良作。

『悪魔判事』（二〇二一年、一六話）

ディストピア（反理想郷、暗黒世界）と化した近未来の韓国で、全国民が参加する法廷がテレビで実況中継され、有罪・無罪の判決が多数決で決められる。この法廷ショーを発案した判事は、国民の絶大な人気を勝ち取るが……。
民主主義とは何か、真の正義とは何かを鋭く問いかける法廷ドラマ。
『ナルコの神』（原題『スリナム』、二〇二二年、六話）
南米の小国スリナムで食べられずに捨てられている魚のエイ（韓国人は大好物）を本国に輸出するビジネスを始めた韓国人二人が、麻薬組織を検挙しようとする国家情報院（国情院）の作戦に協力して麻薬組織のボスを捕まえるという実話を元にした作品。腹の探りあい、騙しあいの神経戦、そして大迫力の銃撃戦など、見どころ満載のノワール・アクション。
『ペーパー・ハウス・コリア　統一通貨を奪え』（二〇二二年、一二話）
南北統一を控えた朝鮮半島を舞台にして、統一通貨を造っている造幣局に立てこもる強盗団と、交渉専門の女性刑事の攻防を描いた作品。南北当局の担当者や財閥が私利私欲のために作っていた大金をさまざまな困難を乗り越えて奪って逃げる際、その一部をいくつもの赤い豚（韓国で豚は幸せと豊かさをもたらすと信じられている）の風船で市民にばらまくシーンは痛快であった。
強盗団のリーダーが最後に向かった場所は、ウクライナの美しい港町ヘルソンであった。この作品が、プーチン・ロシアによるウクライナ侵略戦争（二〇二二年二月二四日開始）の前に制作を終えたのかどうかは微妙なところだが、シーズン2の配信が二二年の一二月なので、もしかしたら戦争が始まってから最後のシーンを撮った可能性がある。
だとすると、このドラマは密かに、ウクライナ侵略戦争を非難する反戦ドラマだったのかもしれない。ヘルソンは一時ロシアに占領され、その後ウクライナ軍に解放されるまで、ウクライナの都市の中でもとくに酷い戦争被害を受け、多くの市民が虐殺されたことを後で知って心が痛んだ。

『イルタ・スキャンダル　恋は特訓コースで』（二〇二三年、一六話）
摂食障害と睡眠障害で悩む進学塾の大人気スターの数学講師は、「シングル・マザー」が営む惣菜店の弁当だけは食べることができることに気づき、弁当を食べたいがために彼女が引き取って育てている姪に個人授業を始めるが、そのことがバレて大騒ぎになり、窮地に立たされる。二人のラブ・コメディだが、韓国の深刻な受験戦争の実態が赤裸々に描かれている。

『ポジション　広告代理店の女王』（二〇二三年、一六話）
業界一位の広告会社で辣腕を振るっていた女性が、財閥の娘を落下傘（コネ、縁故採用のこと）で常務に据えるために、常務に昇格させられる。それを裏で画策していた実力者の常務は、彼女を一年間で移動させるために、さまざまな汚い手を使うが、ことごとく失敗に帰す。彼女は社長にまで上りつめるが、自立したくて、一年後に仲間と一緒に広告代理店を立ちあげる物語。男性中心の社会で女性が管理職になるのがどれほど困難かを描いていたが、痛快な展開に胸がスカッとした。

⑦「韓ドラあるある」は韓ドラ理解の一助

次に、「韓ドラあるある」と言うか、最近の現代劇の韓ドラに共通する手法や、お約束の展開があるので、それを次にランダムに箇条書きにしてみることにしよう。韓ドラを楽しむ際に、少なからず参考になると思う。

・物語が展開されるビル、家、学校、病院などの建物の外観を、その都度映す。
・どんなジャンルのドラマでも、必ずと言って良いほど恋愛要素が含まれる。
・妹が兄を呼ぶ時は「オッパ」と呼ぶが、親しい年上の男性や夫も「オッパ」と呼ぶことがある。だいたい恋心を抱く男性をそう呼ぶので、ストーリー展開上、非常に紛らわしい。
・主役の男性はみな筋肉隆々のムキムキボディーで（シャワーを浴びる時などにチラリとだけ見せ

る）、ヒロインは抜群のスタイル（腰と脚の細さにはいつも感心させられる）の個性的な美人か、背は低いがとても可愛いかのどちらかである。
・後に恋人になる二人の最初の出会いは、ほぼいつも最悪のきっかけで、互いに相手を自分とはまったく合わない、つまり「自分の好みのスタイルではない」人物だと思いこむが、いつしか愛しあうようになるという結末になる作品が多い。
・カップルになると必ずキスをするのだが、ベッドシーンを映さないという韓ドラ界に暗黙の了解がある分、逆に韓ドラのキスシーンは濃厚すぎるほど濃厚で、必要以上に長い。年寄りの私などはまったく興味がないので、キスシーンになると早送りしてしまう。
・キスをした男女は必ず結ばれる運命に。キスは運命のハンコのようなものだ。ご安心あれ。ただし、『先輩、その口紅塗らないで』（二〇二一年、一六話）のように、ごくたまに例外もある。
・女性は大きなショックを受けると、すぐに失神して倒れる。すると、その女性が彼女の場合、彼氏がお姫様抱っこか、おんぶして彼女を病院に運ぶ。
・二人が夜を一緒に明かした朝、早く起きて朝食の準備をするのは、ほとんど男性である。
・ヒロインはほとんどが信じられないほどの料理下手で、部屋の中も散らかし放題の「ズボラ女子」である。
・女性が酔いつぶれるとか、足をくじくとかすると、必ず男性が背負って家まで送る。最近のドラマでは逆のパターンもあったが。

・恋愛や結婚に反対し、喫茶店で反対する相手にコップの水をかけたり、手切れ金を渡すのはほとんどが財閥の息子の母親である。最近はこのパターンに飽きたのか、このシーンはなくなり、逆に昔のドラマのワンパターンとして揶揄されるケースが増えている。

・恋愛する相手は財閥の御曹子か令嬢で、一方は貧しい家の子どもや孤児である場合が多い。二人はさまざまな困難を乗り越えて結ばれる。

・主人公は現実のストーリーが進行しているかのような生々しい悪夢を見て、うなされる。この夢はドラマの重要なキーワードを提供しているので、お見逃しなきよう。

・最近は禁煙ブームのせいで、登場人物が喫煙しようとするが、ライターがつかないとかいう理由などで結局、吸わないシーンが増えた。しかし、『イ・ドゥナ』（二〇二三年、九話）のヒロインであるスジが、最初の場面からタバコを吸いまくっていたのには驚いた。

・過去に会った悪役や敵役との間に存在する「悪縁《アギョン》」で、ストーリーが展開する場合が多いのだが、もつれにもつれて韓ドラ独特のマクチャンドラマ（泥沼劇）になっていく。

・たびたび豪華な大豪邸が舞台になり、ソファーや家具、受話器や置物が必要以上に豪華と言うか、品の悪い物を使用している。最近はスタイリッシュになったが、やはり豪邸が舞台になる場合が多い。（なお、韓国のアパートやマンションはもともと日本よりも広く設計されているので、

日本の住宅より広く見えるのは当然なことである）

・ヒロインはファッションショーのように服を何度も着替えて登場する。その服がとてもステキで、韓国女性のファッションリーダー的な役割もしている。もちろん男性の主役も同じく、コートなどを必要以上に着替える。

・主人公になる人物は児童養護施設出身の孤児である場合が多い。悪役の場合も同じである。親が子を捨て、施設に入っているという設定も多い。養子になってアメリカから帰国する場合もある。付言すると、俳優たちの英語は非常に流暢なのに、何故か、日本語は発音が変で下手な場合が多い。

・間接広告のせいで（韓国ではドラマの途中でCMを挟むのを法律で禁止している）、登場人物はみな良い車に乗り、最新のスマホを使い、たびたび同じサンドイッチ店（SABWAYのような）で食べる。コーヒー味の眠気覚ましの商品が出てくると、一粒食べてわざとらしく「これは旨いな」と俳優に言わせる。

・たびたびカフェで会話する場面が出てくるが、どのカフェもステキな店である。カフェの大きなガラスの側に座って、偶然通りかかった人間がそれを目撃するというシーンが多い。

・そうかと思えば、通りに面した空き地に店を開いたポジャンマチャ（質素な屋台の居酒屋）で安い焼酎を呑む場面も頻繁に出てくる。

・ほとんどの場合、貧しい家は闇金から借金して、返済を暴力的に要求されている（最近は違法なので、このような場面は少なくなっている）。また、裕福な家が没落する一番大きな原因になっているのが他人の借金の保証人になり、その借り手が突然、行方不明になったり、言葉巧みな詐欺や陰謀に遭って財産を失うというケースである。

・たびたび怪しい占い師が登場する。シャーマニズム（巫女や祈禱師の能力により成立している宗教や宗教現象の総称）がまだ韓国に色濃く残っているのが原因だと思われるが、現在でも政治家や有名人が占い師の所に足しげく通っているようである。

・高齢者が花札に興じている場面がよく出てくるが、韓国人は花札遊びが好きなようだ。しかし、それが高じて違法賭博場に入り浸って財産を失うシーンもよく出てくる。

・主人公には必ず中学校や高校時代、あるいは大学時代からの親友が身近にいて、善き相談相手になってくれる。時には部屋をシェアして同居している。付言すると、将来のカップルになる男女は何らかの事情で同居（同棲ではない）しているか、近所に住んでいるか、同じ会社の同僚という、時空を同じくする場合が多い。これはドラマ展開をスムースにする必要からだと思われる。

・多くの場合、主人公は幼い頃に両親を交通事故で一度に失うとか、父親が暴力を振るうとか、学生時代に酷いイジメに遭ったとかが原因で、深い心の傷やトラウマを抱えている。

・登場人物が自殺する時はほとんど飛び降り自殺だが、最近は必ずと言って良いほど自動車の屋根の上に落ち、車の警報が鳴って、周囲が駆けつけるパターンが多い。
・カップルのデートでは必ずと言って良いほど、ドライブしてから海辺に行って波と戯れ、綺麗な夕陽を一緒に見て、豪華な海鮮料理か、民宿の質素な料理を食べ、その後、民宿に二人で泊まる。当然、ベッドシーンはなく、すぐに朝の場面になる。
・マスコミ、警察、弁護士、検事、判事らの上司や国会議員、時には大統領が財閥に買収されていて、不正を働くケースが多い。犯罪の裏には必ず財閥や黒幕がいて、黒幕は巨大な権力を持っている。(よく警察や司法機関からクレームが来ないものだと、逆に感心する)
・日本のミステリー・ドラマは刑事や探偵が難事件を解決するというパターンが多いが、韓ドラではナゾ解きはサブ的要素にすぎず、登場人物の過去の人生や恋愛などがメインになる場合が多い。付記すれば、韓ドラでは警察はいつも捜査が後手後手であまり役に立たない、無能な存在として描かれる場合が多い。
・悪者は徹底的に最低最悪の悪者として描かれる。そのボスは非常に頭が良く、知能戦を繰り広げる。これは勧善懲悪の結末を、より感動的なものにするための必須的手段なのだろう。
・黒幕は自分で直接手は下さず、必ず黒幕に忠実な秘書や手下に、殺人などの犯罪を指示するが、その手下は何故か、みな黒の背広姿である。最後に黒幕だけが裁かれる。邸宅にも何故か、黒の背広を着たボディーガードが何人も立っている。
・連続殺人犯は必ずサイコパス（反社会性パーソナル障害）として描かれるが、犯行を行なう時は黒のパーカーを着て、頭にフードを被り、時には黒いマスクまでしている。
・悪役は窮地に陥ると、必ずテーブルの上の物を全部払いのけて落とすか、大きな壺を割る。
・悪役が主人公などを追いつめる時は、家族や恋人を拉致して人質にしたり、殺害予告をして脅迫する。これに主人公のほとんどが屈服するが、最後にはその窮地を必ず脱する。
・故意的であれ、偶然であれ、交通事故が起きる時は、大型トラックが車の横からぶつかるシーンが多い。この手法は、悪役が邪魔者を消すために使用されるケースがほとんどだ。
・男性が喧嘩する時は素手で殴りあうか、包丁などを振り回すが、女性が喧嘩する時は互いの髪を摑みあって、罵りあう。
・何か重大な事態や事件が起きる時や、クライマックスでは雷鳴が轟き、雨が降る。この雨が降る場面は韓ドラでは非常に重要なシーンのようで、一つの作品では必ずと言って良いほど雨が急に降りだす。恋が芽生える時も、急な雨で傘を持っていない異性に傘をさす場面から発展するケースも。（撮影スケジュールの関係からか、晴れているのに雨が降る場合もある）
・二〇代、三〇代、時には四〇代の俳優が前髪を垂らし、高校の可愛い制服を着れば高校生に、メガネをかけ、ジーパンを穿いてカジュアルな服装をすれば大学生に、アッという間に変身

するが、まったく違和感がない。（韓国の俳優はみな童顔なのだろうか）

・孤高で神経質な主人公（男性の場合）の家には家具がほとんどなく、綺麗に片付けられていて、冷蔵庫には天然水のペットボトルか焼酎やワインしか入っていない。

・財閥や金持ちのドラ息子はほとんど麻薬や性暴力の常習犯で、飲酒運転で轢き逃げしたりして、有能な悪徳弁護士に隠蔽してもらっている。

・クラブ（日本で言えばディスコ）で酒を呑み、踊る場面が少なからず出てくる。

・偶然、立ち聞きで出自の秘密や、事件の裏側の真実を知ることになる。テレビをつけると、ちょうどテレビでニュースをやっているか、スマホで事件を知る場面も多い。（こんな都合の良いことはないと思うのだが、韓ドラの中ではけっして不自然ではない）

・ほぼ一〇〇％、どのドラマも回想シーンが出てくる。酷い時は回想シーンの中で回想シーンが出てきて、展開がよく分からなくなる時もある。

・コンビニには外にパラソルのついた椅子とテーブルが置いてあり、そこでカップラーメンとオニギリを食べたり、焼酎を呑んだりする。

・複雑な事情で帰る家がなくなると、必ずチムジルバン（日本のサウナやスパのような所）にタオルを羊型にし頭に巻いて泊まる。

・男性が二股をかけている場合が多く、結婚式当日やその前に女性に必ずバレる。

・再開発をめぐる陰謀と暴力が渦巻くシーンが多い。また、再開発をめぐる不正問題も数多く取りあげられる。それほどソウルなど都市部では再開発が進んでいるのだろう。逆に、再開発が行なわれるため住民がいなくなった廃墟ビルは、誘拐・拉致の犯行現場にもなる。

・カネがなくなり、住む家がなくなったら必ず考試院《コシウォン》（大学入試や司法試験、公務員試験のために勉強する人が寝泊まりする簡易宿所のようなもの）に入る。

・何か困ったことが起きたら、裕福な親は子どもをすぐにアメリカに留学させようとする。

・疲れた時とか、何かの重大な病気の前兆として、すぐに鼻血を流す。

・ホテルやデパートなどではＶＩＰ待遇があり、時には「ＶＶＩＰ」と言ったりする。大統領はまさにこれで、呼称は「ＶＶＶＩＰ」である。

・ドラマの最終回では「一か月後」「半年後」「一年後」あるいは「数年後」とキャプションが出て、その後の主人公たちの人生を描くケースが少なくない。

以上、長々と主なものだけを簡単に列挙してみたが、心当たりのある項目があることに気づいた方も多いのではないだろうか。

⑧ 画期的な動画配信サービスの開始

この韓ドラ視聴に画期的なシステムが導入される。それは定額制動画配信サービスの開始である。

ユーネクスト（二〇〇七年開始）、ネットフリックス（二〇一五年開始）、ディズニー・プラス（二〇一九年開始）、アマゾン・プライム・ビデオ（二〇〇六年開始）が主に韓ドラを配信しているが、サブスク（サブスクリプションの略、定期購読・継続購入の意）で観たい時にパソコンやタブレット、スマホやテレビでいつでも観られ、しかも安価であるという理由で一気に契約者数が増えた。ビデオ店に行ってわざわざ借りてくる手間もなくなり、貸し出し中で待つ必要もなくなった。まさに、文明の利器の革命的な進歩を享受する時代が訪れたのである。

ユーネクストは韓ドラや映画の作品数がずば抜けて多く、ネットフリックスはオリジナル作品をはじめ、話題の韓ドラ配信に力を入れている。ディズニー・プラスやアマゾン・プライム・ビデオなども、最近、韓ドラの配信に力を入れ始めた。韓ドラや韓国映画が世界でも通じると、認めた結果だと言えよう。資本主義の論理が冷徹に作用した結果だ。

私も五年ほど前からこのサービスに順次加入して利用しているが、韓ドラの視聴が一気に楽になった。ＣＭが入らないからドラマを一気に観ることもできるし、何より手軽に、そして簡単に、いつでも視聴できる点が素晴らしい。

私の韓ドラ視聴の回数は増え、分野は格段に広がった。たとえば、映画やドラマだけでなく、韓国のバラエティー番組、料理番組も観るようになった。もう、このサービスなしでは生活できないほどである。


このような動画配信サービスやケーブルテレビの利用が広まるにつれ、これまで韓ドラを提供し続けて来たテレビ局（地上波）、韓国で言えば国営放送のＫＢＳのほかＭＢＣ、ＳＢＳの韓ドラの視聴率は低迷し始め、過去に視聴率四〇～五〇％を記録した時代は完全に過去のものとなった。

それでも各テレビ局は、ドラマの制作・放送を引き続き旺盛に行なっている。これは自国のテレビ放送だけでなく、外国に輸出されるとともに、良作はさらに動画配信サービスで配信され、多額の収益が期待できるからである。

つまり、テレビ局も動画配信会社も面白いコンテンツとして、競って韓ドラを制作し始めたという好ましい結果をもたらしていると言っても良いだろう。過去には考えられないような莫大な制作費をかけたドラマも作られ始めた。

韓ドラオタクになった私には嬉しいかぎりだが、ただ話題になれば良い、儲けられれば良い、奇抜であれば何でも良いという危険な風潮や傾向も少なからずあり、今後を注視していく必要がある。

⑨ 心から感動できる面白い作品は約二〇％

私は二〇〇四年にアートンという出版社に転職し、〇六年から一年間、韓国情報月刊誌『スッカラ』の編集長として雑誌を創刊から立ちあげ、何とか軌道に乗せたが、その時、雑誌に韓ドラをモチーフにしたエッセイを是非とも掲載したかった。

しかし、書き手が少なく、良いエッセイも掲載することはできなかった。何故なら、長い話数の韓ドラを観て、そのエッセイを月刊誌に書くのは不可能に近いからである。映画なら月に数本観ることは十分に可能だが、ドラマではそういう訳にはいかない。

しかし、私には不満だった。いつか、韓ドラのことを書いたエッセイを載せたそんな月刊誌、あるいは書籍が出版されるべきだと思ったのだった。

『冬のソナタ』の放送後は日本で韓国語学習ブームが起き、『宮廷女官チャングムの誓い』の放送後には朝鮮王朝時代の政治や文化、風俗などを解説した本が立て続けに出版されたが、そのブームが去ると、潮が引くように出版物も少なくなっていった。雑誌は引き続き出版されている。

ネットやユーチューブで熱心に配信している韓ドラオタクもいるが、やはり一冊の本として出版すべきだというのが私の考えであった。誰も書かないのなら、自分が書いてしまえと思いきって書き始めたのが本書である。

現代劇ドラマを中心にして、私が感動し、素晴らしいと思った韓ドラ作品を紹介し、その作品が提起する社会問題や、人生の生き方を解説していこうと思う。もちろん、私はすべての韓ドラ作品を観ている訳でもないし、観た作品でも意図的に除外した作品も多いため、不満に思う読者もいらっしゃるだろう。そこはご容赦願いたい。なお、この本の文中で紹介した韓ドラは、すべて私が全話観た作品に限っている。

ただ、ここで注意喚起しておきたいのは、韓ドラと言っても、当然のことながら、すべての作品が素晴らしい訳ではない。駄作や失敗作も多い。私の視聴経験から言うと、心から感動できる良作に当たるのは、せいぜい五作品観て一作品あれば良い方である。一、二話観ただけで、最後まで観るのを断念した作品も少なくない。

つまり最終回まで頑張って観ても、本当に面白いと思える作品、あるいは心から感動する作品に出会えるのは約二〇％（あくまで個人的な私の好みの結果であることをご了承願いたい）の確率しかないのである。

それを視聴者は耐えられるか、ドラマを観る時間を確保できるか、という難題がある。

ドラマとの付きあい方で大切なことは、一言で言えば「忍耐力」である。我慢して最後まで観れば、感動できる作品に必ず出会えるはずだ。それを発見し、出会った時の喜びは計り知れない。

忍耐力が必要だと書いたが、良作に出会うと次の回が気になって仕方なくなり、一気に観てしまうこともしばしばだ。そんな時は、自分が主人公になったようにハラハラドキドキしながらドラマの世界に没入し、快感と喜びのアドレナリンが出る。辛いとは一切思わない。その素晴らしい韓ドラの世界に出会える一助になればと思い、この本を書いた。

最近一〇年あまりの間に制作・放送・配信されたドラマの中から厳選して、韓ドラの奥深く、素晴らしい世界に、今から読者をお連れしたい。なお、ドラマの伏線や核心、結末について明かす記述もあるので、予めご承知おきいただきたい。

1

『密会』

音楽的共感がすべてを超越する純愛に

『密会』作品情報

脚本　チョン・ソンジェ
演出　アン・パンソク
放送　JTBC
話数　16話
制作・放送年　2013～2014年

〈主な出演者〉
キム・ヒエ
ユ・アイン
パク・ヒョックォン
キョン・スジン
シム・ヘジン
キム・ヘウン
キム・ヨンゴン
キム・チャンワン
パク・ジョンフン
チャン・ヒョンソン
ペク・ジウォン
ホ・ジョンド

バイク便のアルバイトをしている二〇歳のソンジェは、ある日、コンサートホールに荷物を届けた後、舞台でピアノの連弾のリハーサルをしている光景を覗き見る。そして、誰もいなくなったのを確認してから、自分も同じ曲を弾いてみる。ソンジェは小さい頃にピアノを近所の教室で少し学んだ後、ユーチューブで有名ピアニストの演奏を何度も再生して真似しながら、家で古いピアノで練習していたのだが、実は絶対音感の持ち主だった。

しかし、連弾の曲を一人で弾いていることに気づいた音楽大学の教授ジュニョンに見つかり、連絡先を教えて、やっと解放してもらう。

優秀な弟子を探していたジュニョンはソンジェに可能性があることに期待をかけ、大学と密接な関係にある芸術財団の室長である妻のヘウォンに、彼の実力を見てくれと頼む。

ヘウォンは若い頃、財団の奨学金を受けてアメリカに留学し、ピアニストを目指していたが、腱鞘炎になってその道を諦め、今は財団のすべてを取り仕切るやり手の実務者（裏金の管理、金庫番）となっていた。しかし、四〇歳になる彼女は、ピアノの実力は大学教授の夫を凌ぐもので、そのテクニックもまだ健在だった。

ヘウォンはソンジェの演奏を聴いて、その素晴らしさに恍惚とした表情を浮かべる。ソンジェはまだ荒々しいが、聴く者を魅了する実力があると、ヘウォンは瞬時に認めたのである。二人に音楽的共感が芽生えた瞬間だった。妻の報告を聞いたジュニョンは、ソンジェに大学の入学試験を受けろと勧める。

入試の前日、夫婦はソンジェの部屋を訪ねる。あまりの貧しい暮らしに二人は驚く。それでジュニョンは外で待つことにする。部屋の壁には、防音用として卵のケースがびっしりと貼りつけてあった。座ったヘウォンの足に、ネズミ捕り用の粘着シートが付いてしまう。ソンジェは咄嗟にヘウォンを抱きあげて、足を洗おうとするが、ヘウォンは自分で洗うと拒絶する。

実は、ユーチューブに上げていたソンジェの演奏を聞いたヘウォンは、すぐに腱鞘炎だと見ぬき、匿名のチャットで良い病院にかかって治療するように勧めていた。

ソンジェはチャットの相手が年上の男性だと早とちりして、「先生（ヘウォンのこと）は自分に初めて関心をもってくれ、演奏をもっと聞きたいと言ってくれた。シューベルトの『幻想曲』を一緒に弾いた日、快感を覚えた。自分は生まれ変わった。心が蘇ったみたいだ。先生はオーラが凄い。厳格なのに、裏表がない。女性の香りを感じた。身も心もごっそりもっていかれ、運命的に魂を奪われた感じ。女神にすべてを捧げて演奏した」と心の内を告白していたのを、ヘウォンは読んでいたのだった。

入試の当日、突然、母親が交通事故で亡くなって、入試を受けられなくなったソンジェは連絡を絶ち、徴兵に応じて地方の役場で働き始める。

ある日、ヘウォンから『リヒテル』という本が送られてくる。その本は、ウクライナで生まれ、主にロシアで活躍し、その卓越した演奏から二〇世紀最高のピアニストの一人と称されるスヴャトスラフ・リヒテル（一九一五〜九七年）の人生を書いた本だった。

その本の所々にヘウォンが引いた下線の部分を読んだソンジェは、居ても立っても居られず、ソウルに戻ってヘウォンを訪ね、抱きしめて初めてキスをする。ソンジェを部屋にあげたものの、夫から急に帰宅すると連絡を受けたヘウォンは、ソンジェを無理やり帰す。

意気消沈して役場に戻ったソンジェだが、隣のバレエ教室の下手なピアノの伴奏に我慢がならず、怒鳴りこんだせいで警察に拘留される。その事実を知ったヘウォンは夫にそれとなく伝えて、ソンジェを釈放させる。

久しぶりに家に戻ったソンジェ。彼の部屋を一人で初めて訪ねたヘウォンを玄関に待たせて、ソンジェは汚れた床を拭く。楽譜の入った段ボールが椅子だ。ソンジェが録音したリストの『スペイン狂詩曲』の演奏を聞いて、ヘウォンは感動して涙を流す。「抱きしめてあげよう」と言うが、ソンジェは「自分が抱きしめてあげたい」と言う。

それをドアの外で夫のジュニョンが偶然聞いていて、二人の関係を知ってしまうが、何も言わずにその場を去る。ジュニョンとヘウォンの二人は仮面夫婦で、互いにまったく愛情はなく、ジュニョンにはただ優秀な弟子をもって、自分が出世したいという思いしかなかったのだ。

翌日、ソンジェは特例の再入試に見事合格し、ピアノのレッスンはヘウォンが担当することになる。二人はシューベルトの『幻想曲』を連弾しながら、ふざけあい、笑いあう。二人だけに分かるピアノによる対話、そして音楽的共感。演奏が終わって、自然と二人は抱きあう。ヘウォンの中でも、ソンジェに対する愛が芽生え始めていた。

ある夜、ヘウォンはレッスン室に家の鍵を忘れたソンジェの部屋に鍵を届けに行き、帰って来たソンジェに「どうしようかとても迷ったけど、真っ暗な狭い階段を注意しながら上り、ワクワクしていた。これが人の住む家だ。屋上でカップラーメンも食べて、美味しかった」と告白する。そして、二人は一夜を共にする。

初の演奏会の後、二人は打ち上げに行かずに密会していたが、ジュニョンが妻を探していた。その途中、会長の家に強制捜査が入ったという連絡を受けたジュニョンは、大声で妻に「会長宅に急いで行け」と叫ぶ。

この後、二人の関係を周囲の人間がすべて知ることになる。ジュニョンは二人に尾行までつける。二人が一泊で遠出した時にも、二人の靴を写真に撮らせるなど証拠集めに精を出す。

架空の口座などをヘウォンに作らせ、不正入学で多額の献金を受けていた財団の理事長は、いつ逮捕されるか戦々恐々とする。すべての裏情報を握っているヘウォンにすべての罪を着せようと、会長、理事長、そして代表（義母の理事長とは仲が悪い）の三人は結託する。

そのような汚れた実態を知ったソンジェは、ヘウォンに「モーツァルトはある日、貴族の注文を受けず、自分が書きたい曲だけを書くと心に決めた。それで借金を抱えて、早死にしたと言われているけど、人生に大金は必要ない。お願いだから、今すぐにすべてを捨てて、汚い大人たちと手を切って。自分を惨めな人にしないで」と説得する。

そして、財団から受けた奨学金をすべて返し、最後に落ちこぼれだけで編成した五重奏を演奏して、大学を去る。

ヘウォンはソンジェが他の財団の援助を受けられるように手配してから、会長の裏金をはじめすべての不正が記録されたＵＳＢを検察に提出し、裁判を受ける。

最終陳述でヘウォンは「すべての犯罪行為は、自分の選択だった。音楽でも成功し、権力を行使したかった。私のような女のために、床を拭いてくれる親友に教えられた。成功を望むあまり、自分を道具のように扱い、粗末にした。すべての罪を認め、どんな判決が出ても控訴しない」と、涙を流しながら懺悔する。

刑務所に入ったヘウォンの面会に行ったソンジェは、獄中で同房の囚人に切られた髪を見て、「似合っています。可愛い人だから」と言い、二人は笑いあう。

ソンジェは、獄中にいるヘウォンに手紙を書く。

「毎日、モーツァルトの『ロンド　イ短調』を弾いて一日を始める。低調だけど諦めないこの曲は『弾く』のではなく、『触れる』曲だと言うけど、僕はこうしてあなたに毎日、触っている。とてもセクシーなあなたに」、と。

二〇歳も年の離れた二人。豪邸に住み、高級車に乗り、お手伝いまで雇っているヘウォン。貧しい家庭で育ち、母にも死なれ、実業高校出身のソンジェ。この二人の愛は成立するのか。ピアニストという共通の才能を互いに認め、その演奏で感性と感性が響きあう音楽的共感を覚える二人には、成立するのである。

ここで重要なのは共感だ。互いの音楽を通じてエクスタシーに近い快感を得、共鳴する時、その愛はさまざまな障害を乗り越えてしまう。


昔、ある週刊誌で四、五十代の男女、それも互いに結婚し、子どもまでいる二人が深く愛しあった末に、すべての財産を相手に渡し、相手や子どもたちを粘り強く説得し、きっぱりと離婚してから再婚したという記事を読んだことがある。その時、私はなんと潔い愛なのかと感心したものだ。

不倫や離婚と言っても、さまざまなケースがあって、一概にどうのこうのと第三者が口を挟めるものではない。

たとえば、財団の代表は夜の商売をしている若い男と不倫し、ヘウォンにいつも尻ぬぐいをさせている。財団の顧問弁護士である彼女の夫は、大学と財団のカネだけが目当てで、彼女を一度も愛したことはない。そのため、彼女は「愛欠乏症」から男遊びを繰り返す。若い男の方も、彼女を利用してカネ儲けしようとしているだけだ。こんな関係が長く続く訳もなく、最後は大喧嘩して別れてしまう。

ヘウォンとソンジェの純愛と並行して描かれるこの不倫は、言うまでもなくまったく違う質の愚行である。二つの「不倫」を対照的に描くことによって、観る者にもそれが自然と伝わり、共鳴させるように巧みに工夫されている。


それは、主役のキム・ヒエが見事に演じた、年上のヘウォンの描き方に特徴的に表われている。初めてソンジェの家に行ってから家に戻ると、足の爪にマニキュアを塗ってみるが、すぐにそれを消してしまう。

見慣れぬ豪邸に来て、おどおどしながらも、演奏し始めると情熱的なソンジェを「なんていじらしいの」と思う。

チャットのやり取りでソンジェの気持ちを知りながら、あえて自分の心を隠すように厳しく指導する。

初めてのキスの後、「酒に酔っていて何も覚えていない」と言うヘウォンに怒ったソンジェが、

「人妻に興味はない」と口走ると、彼の頬を殴って「私は先生よ」と必死に堪える。

ソンジェの家に行って待っている間、楽譜にソンジェの母親が書いた「脇と大事な所はしっかり洗いなさい」というメモを読んで大笑いしながら、ソンジェを愛おしく思う。

ソンジェに片思いする若い彼女とソンジェが一緒にいる所を見て、思わず身を隠し、そんな自分に呆れる。

「弱肉強食の社会で、自分は優雅な奴隷だった。上流階級に入りたい一心で歩んできたが、できるならすべてを捨てて二〇代のあの頃に戻りたい」と後悔する。

二人で遠出し、民宿でアメリカ留学中にカフェでいつも聞いていたというビリー・ジョエルの「ピアノ・マン」を二人で聞きながら、静かに涙を流す（このシーンはとても切ない）。

ソンジェの部屋に行き、残り飯とありあわせのミッパンチャン（惣菜）にコチュジャン（朝鮮味噌）とゴマ油を混ぜてビビンパプを作り、美味しそうに食べる。彼女にとって豪華な食事より、この素朴な食事の方が御馳走だったのだ。

夫に「姦通罪」で訴えられるが、ソンジェのことを思って、代表の夫である財団の顧問弁護士と取り引きをし、すぐに釈放されるや、みんながいる前でソンジェと抱きあって、彼の耳元で「みんなに見せつけるのよ」と囁く。

すべての悪事を知ったソンジェに「こんな自分が恥ずかしい」と告白する。

最終陳述で「望むのは尊重されることだけです」と言い、潔く罪を認め、監獄に入ってからはぐっすりと眠る。毎日のように高級美容院に通い、シャンプーとマッサージをしてもらっていたのに、髪の毛をギザギザに切られても、毅然としている。

そして、ラストシーンで監獄の金網の中から、美しい自然の風景を眺めつつ、安心しきった顔で微笑む。

これらすべての場面は、ヘウォン役を務めたキム・ヒエの熱演に支えられている。年上の女心の微妙な揺れを繊細に描いた、感動なしでは観られない名場面ばかりだ。

ソンジェ役のユ・アインの演技も天才的だ。セリフは少ないのに、素朴でまっすぐな若者を目や表情で完璧に演技して見せた。ピアノを弾く演技も、本当に弾いているようで素晴らしかった。

夫役のジュニョンを演じたパク・ヒョックォンも凄い。無能だが嫉妬深く、学長（理事長とつるみ、不正入学を行なう）の言いなりになって、ヘウォンとソンジェを訴え、離婚するが、すべてを知ってからも虚勢をはって平然としている演技は秀逸だ。

まるで映画のような、少しイエローがかった暗めの画面と、生々しい音声。つねに柱のような障害物から、秘め事を覗くように映しだす、絶妙のカメラワーク。最初から最後まで流れるクラシックの名曲の数々。どれ一つとっても、完璧と言うしかない出来ばえである。

韓国で六二年間も続いた、不倫した男女双方とも罰せられる「姦通罪」が、二〇一五年に憲法裁判所で違憲と判断されて以来、韓ドラでも離婚や不倫問題を扱った作品が増えたような気がする。

浮気から始まった夫婦の関係を描き、シーズン3まで放送されている『結婚作詞　離婚作曲』(二〇二一年、全四八話)、このドラマの主役キム・ヒエが主人公を務める『夫婦の世界』(二〇二〇年、一六話)、日本ドラマをリメイクして評価された『平日午後三時の恋人たち』(二〇一九年、一〇話)など数えきれないが、これらはすべて不倫と、それから生じる夫婦の葛藤を描いたもので、私はあまり好みではないし、この作品とは本質的に違う。

何が違うかと言うと、この作品は「不倫」はあくまでサブテーマであって、不倫そのものと言うよりは、人間の共感を音楽という共通項で描いている点が決定的に異なっている。

また、年下の貧しいが純粋な若者によって、年上の裕福な女性の、カネと権力を追い求めてきた生き方を根本から改めさせ、真の愛に目覚めさせる過程を描いたところが、既存の不倫ドラマとはまったく違うのである。

私は不倫をけっして肯定する者ではないが、このドラマを観て、真実の恋愛は何歳になってもできるし、愛のない夫婦生活を送るくらいならさっさと離婚して、心から愛せる人と一緒に残りの人生を生きるべきだと教えられたのである。

結婚は絶対的に不可逆的な契約ではない。フランスなど欧米ではすぐに結婚せず、同棲を何年もして、双方が十分に納得してから結婚するカップルが多いとも言う。間違いの少ないやり方だと思う。その深奥な男女の問題を、このドラマは私たちに突きつけているのである。

補足すると、韓国では音楽大学などで裏口入学や、学生に安い楽器を高く売りつけるなどの不正行為、芸術系の財団が裏金作りや人脈作りに使われている事例は少なくないようだ。たとえば、二〇二三年末、ソウル大学校など複数の有名音楽学部の不正入試疑惑に警察が強制捜査に入ったという報道があった（『コリア・ウェブ』二〇二三年一二月二〇日配信）。大学教授の課外教習は法で禁じられているのだが、該当教授が自分の教えている課外生も審査したというのだ。

音楽や美術など芸術系の大学で少なからぬ不正が行なわれているのは事実のようだが、純粋な意欲と能力をもった学生をカネ儲けのために利用したり、食い物にすることが絶対にあってはならない。そんなことを続けていれば、ソンジェのような天才が見切りをつけて、大学を去っていくかもしれないのだから。

2

『彼女はキレイだった』

夢の主人公になれるかどうかは自分次第

『彼女はキレイだった』作品情報

原題　『彼女は可愛かった』
制作　BON　FACTORY
脚本　チョ・ソンヒ
演出　チョン・デユン
放送　MBC
話数　16話
制作・放送年　2015年

〈主な出演者〉
ファン・ジョンウム
パク・ソジュン
チェ・シウォン
コ・ジュニ
ファン・ソクチュン
チョン・ダビン
シン・ヘソン
シン・ドンミ
イ・イルファ
パク・チュンソン

ホテルで支配人をしているスタイル抜群で美人のハリは、複雑な家庭環境の寂しさを紛らわすために多くの男友達と遊びで付きあっていた。主人公のヘジンは幼い頃は才色兼備だったが、成長してから父親の遺伝で酷い天然パーマになり、頬にそばかすまでできてしまって見る影もなくなり、無職でアルバイトをしている。

幼馴染みの二人は大の親友で、ハリのアパートで同居しているが、ハリはヘジンを「かみさん」と呼び、ヘジンはハリを「ダンナ」と呼ぶほど、仲が良い。

ある日、小学五年生の時の同級生ソンジュンから、ヘジンに「会いたい」というメールが届く。ソンジュンは太っていて、眼鏡をかけ、イジメにもあっていたダサい小学生だったが、二人は隣同士ですぐに仲良くなる。一二歳の時に母親を大雨が降る日に交通事故で亡くして以来、雨が降るとパニックになるソンジュンに、ヘジンは「私があんたの傘になってあげる」と言う。二人は互いに初恋の相手になるが、ソンジュンはアメリカに移住してしまい、それ以降、二人は手紙のやり取りを途中まで続けていた。

二人は約束した場所に行くが、すらりとした好青年になっていたソンジュンはヘジンに気づかず、他の女性に声をかける。ヘジンは自分の容貌を気にして隠れ、ハリに自分の代わりになってくれと頼む。ハリは仕方なくソンジュンと会うが、ヘジンに指示されたとおり「明日からイギリスに留学するから、もう会えない」とウソをつく。

ヘジンは何度も就職活動に失敗していたが、ある会社から合格通知が届く。管理支援部に入ってはりきって仕事していたヘジンだが、たまたま最先端のファッション雑誌『ザ・モスト』編集部に荷物を届けに行った時に、間違われて編集部の仕事をまかされてしまう。仕事を見事にこなしたヘジンは、モスト編集部に三か月間だけアシスタントとして出向することになる。

そこに新しい副編集長が赴任してくるのだが、それがソンジュンだったので、ヘジンは大いに慌てる。ソンジュンはアメリカの本社から、「三か月以内に販売部数を一位に返り咲かせないと廃刊だ」という命令を受けてきていたので、部員に必要以上に厳しく接し、いつしか編集スタッフからは毒舌の「クソ男」と呼ばれるようになる。

ソンジュンはハリをホテルで見かけるが、留学をやめてホテルに勤めているというウソを信じこみ、二人は付きあうようになる。しかし、ソンジュンは彼女と話が噛みあわないことを不審に思っていた。逆に、ハリは優しい彼にこれまで誰にも感じたことのない恋心を抱くようになる。

素朴でピュアなヘジンに冗談ばかり言ってからかい、面白がっていた編集部員のシニョクは、短いズボンに白い靴下を履いたヘジンを見てマイケル・ジャクソンを思いだし、ヘジンを「ジャクソン」と呼ぶようになる。

逆に、西も東も分からない職場でミスを繰り返すヘジンを、ソンジュンは「管理」と呼んで、辛く当たる。初恋の相手と同姓同名だったのが気に食わなかったのだ。しかし、徐々にヘジンに少しずつ惹かれていく自分がいた。

そんなある日、大雨が降る中、自動車事故を目撃したソンジュンはパニックを起こし、車の外に出て、車道の真ん中でうずくまってしまう。その姿をバスの中から発見したヘジンは、バスを降りて、彼を自分の上着で覆い、雨から守る。ソンジュンは無意識でヘジンの頬に手をやる。ヘジンはどうして良いか分からず、目だけキョロキョロさせてじっとしている。このシーンは、このドラマのクライマックスで、素晴らしい名場面だった。

それから、さまざまな経緯で二人だけでロケハンの出張に行ったりしながら、二人は互いを強く意識するようになる。シニョクも誠実で生真面目なヘジンに好意をもつようになる。だが、すべての事情を偶然知ったシニョクはハリに正直に真相を告白するように諭すが、ハリはソンジュンがアメリカに戻るまでの間だけ付きあいたいと願う。

そんなある日、出張に出たヘジンの車が故障する。その辺りで事故があったとニュースで知ったソンジュンは、雨が降っているのにも気づかないまま、駆けつけてヘジンを抱きしめる。同じく駆けつけたシニョクは、その二人を目撃してショックを受ける。

ついにソンジュンは、ハリがヘジンではないことを知る。同時に、ヘジンもハリがソンジュンを愛していることを知って、ハリが正直に真相をソンジュンに言ってくれるのを待つことにする。

そんな中、雑誌は目玉記事の有名人インタビューが駄目になってしまい、そのまま最終校を印刷所に渡してしまう。その直後、シニョクが正体不明の人気作家テンは自分だとソンジュンに告げて、インタビュー記事を出せと言うが、テンの正体がバレることを怖れたソンジュンは掲載を諦める。しかし、シニョクが自分で書いたその記事原稿を印刷所に渡し、雑誌は一位に返り咲くが、シニョクはそのまま姿を消す。

ヘジンは会社を辞め、童話作家として再出発する。ハリも親のコネで入ったホテルを辞め、大学院でホテル経営を学び、また別のホテルに就職する。そして、ヘジンとソンジュンは遠距離恋愛を経て、ついに結婚する。

テンが久しぶりに出した新刊本の最後のページには「親愛なる友、ジャクソンへ」と書かれてあった。


こうやって粗筋だけ読むと、読者は男女の四角関係を描いたラブ・ロマンスだと思われるだろう。確かにその要素は強い。しかし、この作品は単純なラブ・ロマンスではないと言うか、それはあくまでサブ・ストーリーであって、実は人間の真の生き方を問う抱腹絶倒のコメディ作品なのであった。

主人公のヘジンは自分の容姿と現実が昔とまったく違うことに劣等感を覚え、ソンジュンと会わなければ「過去のキレイだった自分のままで記憶される」と勘違いし、怖くなって逃げだす。まるで、二人で昔一緒に作ったジグソー・パズル、ルノアールの絵画『田舎のダンス』の、隅に隠れてダンスをする男女を盗み見している少女のように、自分を「隠れ絵」にしてしまう。

しかし、それでもソンジュンは、自分を醜いと思いこんでいたヘジンを自然と好きになり、初恋の相手と思いこんでいたハリではなく、最後にヘジンを選ぶ。

ここには人は容姿ではなく、話が合い、心と心のつながりが人を愛するうえでもっとも大事なのだというメッセージが込められている。好きになってしまえば、容姿は関係ない。「醜い」どころか、キレイだと思ってしまう。二人の男性に愛されるヘジンは、自分がどんなに疲れていてもお婆さんにバスの席を譲ったり、ハリの「背信行為」も責めずに、彼女が真相を言うのをじっと待つ優しさをもった女性である。そこから真の美しさは滲みでてくるものだ。

そして、雑誌編集部で鍛えられて、自分に自信を取り戻し、「童話作家になる」という小学校時代の夢を実現していく魅力的な女性になる。

「私だって主人公よ！」と書いた彼女の手帖に、「脇役もスポットライトを浴びれば主人公になれる」、「別の角度から見れば、まったく違って見える」とメモされているのを見たソンジュンが感心して、雑誌の企画に入れる場面があるが、まさに見方を変えれば世界は変わって見えるものなのである。

中からは見えるが、外からは見えないマジックミラーのような関係だった二人も、それを外しただけで、対立する関係からまったく別の、愛しあう関係性になれる。発想を転換すれば、誤解は解けるものだ。

たとえば、雑誌の二〇周年記念パーティーを豪華にする案にヘジンもソンジュンも同意せず、裏方であるスタッフに焦点を当てることを提案する。いつも「モストらしく」が口癖の変人編集長は、挨拶で「こんなモストらしくない最低最悪のパーティーはない。しかし、華やかな世界を作るために、泥臭く頑張っている編集部のスタッフを心から愛する」と言って、会場から盛大な拍手を受ける。


ヘジンが取材で知り合った童話作家の影響を受け、またソンジュンに「チャンスの神は前髪しかないから、チャンスは一度きりなんだ」と後押しされて、いつしか「先生」と呼ばれる童話作家になったことも、人生は数限りない選択の結果だということを象徴している。

シニョクから「ためらいは真実を明かす勇気さえ奪ってしまう。そして、真実を明かそうとすると、ウソをつくより苦しくなる」と諭されたハリが、何度もソンジュンに真実を言おうとして、その度に機会を逃してしまい、最後には先に知られてしまうが、この経験から親のコネとカネで生きてきた自分を見直す姿にも大切なメッセージが隠されている。

人生は選択の連続である。一つ選択を間違うと、とんでもない方向に向かってしまう。ヘジンもハリも選択を間違って苦しむことになるが、人間はそこから這いあがって正しい道を選択し直すことができるのだ。つまり、一度や二度、選択を間違っても、やり直しはできる。そして、自分のやりたいこと、求める場所が自分のいる本来の場所であり、自分の夢を実現するのは、自分の決断と努力次第なのだということを、このドラマは示唆している。

オープニングは短いのだが、映像も音楽もモストらしくて恰好良い。ディテールにこだわった作品作りもニクい。

ソンジュンがヘジンと勘違いしてハリに贈った、ルノアールの『田舎のダンス』が裏に描かれた赤い傘。そして、その絵のパズルに一か所だけ欠けた「のぞくお姉さん」の一片をめぐる物語。

ヘジンが横断歩道の信号が青になると、小さい頃から口癖になっていた「カシオダ（進めだ）」と言う場面。

何かあると、すぐにシニョクがコインで決めようとするが、裏か表かはっきりさせないまま、ヘジンをいつも騙すシーン。

ソンジュンが急にヘジンを「管理」ではなく、本名で呼び始めるところ。

天然パーマをストレートにして、ヘジンがモストらしく変身するシーン。

ヘジンが失くした社員証が、彼女にとってとても大切なものだと知ったソンジュンが、牛糞の山からそっと探しだす場面。

そして、風邪をひいたヘジンを心配して、机の上に置いていたタマネギにマジックでニコニコマークを描き、水に入れておくが、それからどんどん芽が伸びていく様子。

ラストの場面で、ソンジュンが子どもを連れて横断歩道を渡ろうした時、天然パーマの女の子が「カシオダ」と言うところ。どれをとっても、ディテールが素晴らしい演出で、ドラマを充実したものにしている。


この作品はラブ・ロマンスの形を借りたコメディだと先に書いた。ドタバタ喜劇に近いヘジンとシニョクの掛け合いは、自然と爆笑を生む。けっして無理やり笑わせようという、あざとい、あるいは馬鹿らしい悪ふざけの笑いではない。

ヘジン役のファン・ジョンウムは、プロローグで紹介した『明日に向かってハイキック』

でドラマデビューしたが、この時もコミカルな演技で笑わせてくれた。この作品で彼女は二〇〇九年、百想芸術大賞の新人演技賞を受けたが、彼女には人を笑わせる天性の才能があるのだと思う。シニョクのまるで子どものような悪戯にも、そして何度からかわれてもその都度、大げさに反応する演技は絶品である。

この作品の原題の正確な訳は「彼女は可愛かった」である。アヒル口のファン・ジョンウムはとても愛らしい。「醜い」と思っていたのは、自分の思いこみであった。天然パーマの髪、そばかすの頬っぺた、マイケル・ジャクソンみたいな服装、どれをとってもすべて可愛い。思わず、チョッカイだしたくなる愛すべきキャラクターなのだ。

古い映画を例に出して恐縮だが、私はこのドラマを観ながら、渥美清主演の映画『喜劇特急列車』（一九六七年）を思いだしていた。車掌の彼は、初恋の相手である女性（佐久間良子）が列車に乗りあわせていることを知り、あたふたとドタバタ喜劇を繰り広げるのだが、その姿に腹を抱えて笑ったものだ。その笑いは自然な笑いで、まさにファン・ジョンウムは渥美清にその笑わせ方がそっくりなのである。無理強いではなく、自然と溢れる、ほのぼのとした笑い。この二人は共通の資質をもった笑いの天才なのだ。

ファン・ジョンウムはこの作品の後も、特別な酒を客に呑ませて客の夢の中に入り、客の悩みを解決し、恨みを晴らすという、コメディ要素が希薄なドラマ『サンガプ屋台』（二〇二〇年、一二話）などでも主役を務めたが、彼女はコミディ作品の方が断然似合っている。

ヘジンをからかうシニョクを演じたチェ・シウォンもファン・ジョンウムと似た匂いをもった役者だ。濃い髭を生やし、ラフな格好をし、ホテルのスウィートルームで暮らしながら庶民的な食べ物が好きで、しょっちゅうヘジンにたかる「変人」の役を見事に演じた。ヘジンが反応した時に見せる彼の笑顔が素晴らしい。「〜という傾向もなくはないが……」というのが彼の口癖だが、これを韓国語で言うと、とても面白いのだ。

彼は『恋愛なんていらない』（二〇二二年、一六話）にも出演していたが、このようなシリアスな役はあまり似合わない。

この作品は、ファン・ジョンウムとチェ・シウォンという天才的な「喜劇」俳優の絶妙な掛け合いがなければ成立しなかったと言っても過言ではない。笑うだけ笑わせて、しかもジーンと感動させる傑作コメディ・ドラマなのであった。この二人の代表作と言っても良いだろう。日本や中国でリメイク・ドラマが制作されたのもうなずける名作である。

3

『トッケビ　君がくれた愛しい日々』

死があるから人生は美しく輝く

『トッケビ　君がくれた愛しい日々』作品情報

原題　『孤独で輝かしいトッケビ』
制作　スタジオドラゴン
脚本　キム・ウンスク
演出　イ・ウンボク　クォン・ヒョクチャン　ユン・ジョンホ
放送　tvN
話数　16話（全2話の「トッケビ召喚スペシャル」もある）
制作・放送年　2016～2017年

〈主な出演者〉
コン・ユ
キム・ゴウン
イ・ドンウク
ユ・インナ
ユク・ソンジェ
イエル
キム・ビョンチョル
キム・ソヒョン
キム・ミンジェ

トッケビとは、朝鮮半島に昔から伝わる精霊のことである。いたずら好きで、たびたび人間にちょっかいを出すが、悪さはしない。妖怪や幽霊、悪霊、悪鬼とは違い、韓国では親しみをもたれている「存在」である。そのトッケビを主人公にすると制作発表記者会見で告知された時からこの作品は注目を浴び、ケーブルテレビとしては異例の高視聴率を記録した。百想芸術大賞をはじめ、多くの賞を受けたヒット作である。日本でも観た方は多いと思うので、粗筋は簡単に振り返るだけにしておこう。

ドラマの舞台は九〇〇年前の高麗《コリョ》時代と現代である。数々の武勲をたて、庶民に絶大な人気があった高麗の将軍がいたが、腹黒い奸臣に「いずれ将軍に王の地位を奪われる」とそそのかされた若い王は、嫉妬と恐怖のあまり、将軍を逆賊として将軍の剣で胸を刺して殺させてしまう。その時、王妃となっていた将軍の妹も殺される。

将軍の死体はソバ畑に放置されるが、その剣で多くの敵を殺め、多くの血を吸った剣だということ、非業の死を遂げたことを鑑み、胸に剣が刺さったまま永遠に生きること、剣は「トッケビの花嫁」しか抜けないという罰を神から与えられる。将軍はトッケビとなって気の遠くなるほど長い年月を「花嫁」を探しながら孤独に生きていくが、安い土地を買ってそこにホテルを建てるなどしながら、裕福になっていた。

現代のある日、雪が積もった上の血だまりの中に横たわる、瀕死の女性をトッケビが見つける。女性が「自分は死んでもかまわないが、お腹の子だけは生かしてくれ」と言うのを哀れに思い、トッケビは元来、人間の生死に関わることはできないのだが、この時は温情が働いて妊婦を生かす。

それから八年後。母親は九歳（韓国では数え年なので。ただ、二〇二三年末、韓国では満年齢で数える国際基準に添う法改正がなされた）になる娘ウンタクの誕生日の日に別れを告げて、亡くなる。

その時、ウンタクが八年前に死んでいるはずだったことを知った死神（この作品の死神は、死者に過去を忘れさせるお茶を飲ませ、あの世に送るだけの「職業」。大罪を犯したり、自死した者が死神になるという設定）が現われてあの世に連れて行こうとするが、死ぬべきだった日にはまだ名前がなかったと、ウンタクは果敢に抗弁して、死神を諦めさせる。ひとり残されたウンタクは叔母に育てられるが、叔母とその子どもにシンデレラのようにイジメられながらも、しっかり者として育つ。

それから一〇年後。高校三年生になってトッケビと出会ったウンタクは、叔母の家を出て、行き場がなかったため、トッケビの豪邸に転がりこむ。そこには死神も同居していた。

ウンタクはトッケビの胸に刺さった剣が見えていたが、見えると言うと家を追いだされるかもしれないと思い、黙っている。ウンタクは自分がロウソクの火を吹き消すと、トッケビが現われることに気づき、何かあったらマッチの火を消してトッケビを呼びだす。

そんなある日、ドアを開けてカナダのケベックに瞬間移動したトッケビ（自分の経営するホテルがそこにあった）の後について来たウンタクを見て、トッケビはウンタクを自分が長年探してきた「花嫁」ではないかと思うようになる。そして二人は徐々に惹かれあっていく。

死神は死神で陸橋の上で出会ったチキン店の女性社長に一目惚れし、ぎこちない「恋愛」を始める。死神は高麗時代に将軍を殺した王で、女性社長は殺された王妃の生まれ変わりだったのである。

そうしてみな一緒に楽しく暮らしていたある日、トッケビに殺されたはずの奸臣が彼らの周りに悪鬼として現われる。奸臣をあの世に送るためには胸に刺さった剣で消滅させるしかないと悟ったトッケビは、ウンタクの力を借りて剣を抜き、奸臣の悪鬼を退治するが、その直後にトッケビも消えてしまい、ウンタクのトッケビに関する記憶も消えてしまう。

それから九年後。ラジオのディレクターとなっていたウンタクの前にトッケビが現われるが、彼女は気づかない。ケベックに旅行した先で記憶を取り戻し、ついにトッケビと結婚する。

しかし、その直後、車に乗っていたウンタクはトラックが幼稚園バスに向かって突っこむのを防ごうとして犠牲になるが、彼女は死神の現世の記憶を消すお茶を飲まないまま、トッケビに「必ず今度は自分が見つけだす」と言ってあの世に行く。

王妃だった女性は死神と現世では結ばれないことを悟り、身を隠す。

それから三〇年後。死神の最後の仕事は、亡くなった王妃を見送ることだった。しかし、二人は転生して恋人同士になる。

トッケビは「花嫁」との思い出の場所であるケベックの丘にいたが、その時、修学旅行で韓国から来ていた女子高生がトッケビに近づいて、こう言う。

「見つけた」、と。


こうやって粗筋だけ書くと、現実ではありえない、ただのファンタジーで、まったく感動できないと思うだろう。ところが、これを制作陣は美しい映像と、迫力のあるCG映像で心揺さぶる見事なラブ・ストーリーに仕上げてしまったのだから恐れ入る。もちろん俳優たちの素晴らしい演技が、この感動を支えていることは言うまでもないが。

トッケビと「花嫁」が初めてすれ違う場面は、スローモーションで降る雨を美しく描いた。

二人が初めて会話を交わす場面は、突堤の先なのだが、そこに二人を呑みこむようにうねる大波の迫力が凄い。

二人が秋のケベックで過ごす場面はすべてが美しく、散る葉（カエデ）を手にしたら「初恋が叶う」と言って二人で競う姿は、もう初恋の二人になっている。

二人が初めてキスをするソバ畑のシーンでは、初雪が降るのだが、スローモーションで雪が夜空へ舞い上がっていく。

つまり、すべてのシーンが二人を包みこむように美しく表現されていて、いつしか生身の人間同士のラブ・ロマンスだと思いこんでしまうほど、物語の展開が自然なのである。


死神が寝る時は頭まで布団を被って寝るところや、トッケビが憂鬱な時は必ず雨が降ることにした設定。ウンタクを「処理漏れ」の存在として描くが、それは神の気まぐれであり、奇跡なのだとした設定。ロングコートを二人に何度も着がえさせるところなど、細部にわたり、こだわって作っている。このドラマの影響を受けて、放送当時、若い世代にロングコートが流行するという社会現象まで起こったというのもうなずける。


しかし、この作品でもっとも重要なテーマは、不老不死が不幸であり、「死」があるから「生」が輝くという問題提起である。

トッケビは剣をすぐに抜いてくれることをウンタクに最初は望むが、どんどん彼女が好きになっていくにつれ、もっと一緒にいたいという欲望から剣を抜いてくれと言えなくなる。

だが、そのうちに、剣を抜かないとウンタクが死ぬということに気づき、彼女のことを思いやって、今度は抜いてくれと頼みこむ。ウンタクは剣を抜いたらトッケビが「無」になることを知って、けっして抜こうとしない。ここには相手を思いやる究極の「愛」がある。

秦の始皇帝は不老不死を渇望し、現代の医学でも不老不死の研究が盛んに行なわれている。だが、不老不死ほど辛い、孤独なものはない。友人や知人はみな老いていくのに、自分だけ老けない理不尽さ。周りの者はいつも先に死んでいく。その死を毎回、見送る辛さ。また人間関係をまた一から始めなければならない孤独感。

つまり、死は誰にでも必ず訪れるものであり、いつ死ぬか分からないから怖いものだが、死ねないことほど辛いことはないと、この作品は主張しているのである。神の呪いが、実は真実の愛に巡り会う、あるいは真の生を生きるための奇跡だったのだという展開は、実人生でもありうることかもしれない。

このドラマの中で何度も効果的に使われている転生（輪廻転生）という考え方や描き方は、宗教を信じない人にも希望を与えるだろう。「死」は最後ではなく、新しい人生の始まりであるという捉え方は、辛い人生を生きるうえで助けになるかもしれない。作品中で「人間は四回生まれ変わる」というセリフが出てくる。「一回目は種をまき、二回目は水をやり、三回目は収穫し、四回目でそれを食べる」、と言うのだ。

「死」という「締め切り」があるから、人間は「生」という「宿題」を懸命に生きる。そういうことをこのドラマは主張しているように思える。ただ、友人となったトッケビと死神のコミカルなやり取りなど、シリアスとコメディ場面を交互に入れることで、ドラマ自体はけっして重く、暗い作品になっていないことも特筆すべきことだ。

最後に「花嫁」役を演じたキム・ゴウンについて少し述べたい。撮影当時、二五歳だった彼女は初々しい女子高生の天真爛漫な姿を何と愛らしく演じきったことか。「若さが美貌」という言葉もあるが、清潔感溢れ、ピュアな「花嫁」役は彼女以外、考えられないほどだ。こうしてこの作品は、キム・ゴウンにとっても二つとない代表作となったのである。

そして、このドラマを観た私たちにも、けっして忘れられない傑作ファンタジー作品となったのだと言えよう。各自の人生の「宿題」をやり遂げるために、このドラマから私たちは、貴重な人生の瞬間を精一杯生きるための勇気と力をプレゼントされたのだと思う。

4

『記憶　愛する人へ』

認知症という恐怖に打ち勝った奇跡

『記憶　愛する人へ』作品情報

原題　『記憶』
制作　コンテンツセブン
脚本　キム・ジウ
演出　パク・チャンホン
放送　tvN
話数　16話
制作・放送年　2016年

〈主な出演者〉
イ・ソンミン
イ・ジュノ
キム・ジス
パク・チニ
ユン・ソヒ
チョン・ノミン
パン・ヒョジョン
ナム・ダルム
カン・ジウ
ヨ・フェヒョン
チェ・ドクムン
イ・ギウ

大手法律事務所のスター弁護士テソクは、同僚から「三弁」と呼ばれていた。権力者の望みを逸早く察知する洞察力、地位と権力を利用する判断力、組織に従う柔軟性を併せもった悪徳弁護士という意味だ。もともとカネもコネもなくて国選弁護士をしていたが、事務所の代表チャンムにスカウトされた後に、テソクは「三弁」になり、家族も顧みずに、がむしゃらに働いてきた。

しかし、最近、物忘れが酷い。まだ四〇代半ばの若さだが、友人の医師に勧められて半信半疑で検査を受けた結果、若年性アルツハイマー型認知症と診断される。

最初はその事実を受け入れられないが、別れた元妻（判事）の家に突然行ったり、再婚した妻や子どもたちと食事の約束をしたのに、レストランの場所が分からなくなって道をさ迷う。悪夢にうなされたり、突然意識を失う時も増えた。これらの出来事によって、テソクは自分の記憶が徐々に薄れてきていることを自覚せざるをえなくなる。

法律事務所はある財閥と持ちつ持たれつの関係にあり、財閥の息子らの尻ぬぐいをやったりして、大金を得ていた。しかし、テソクは病気になってから、残された時間を有意義に使いたいと思うようになり、これまでのように財閥の言うとおりには行動しなくなる。

酷いＤＶで妻から離婚を求められていた財閥の副社長の要求を逆手にとって、妻に有利な条件で離婚させたりする。再婚してできた中学生の息子のイジメ問題を解決したり、雇用主からセクハラを受け、脅迫されていた女子高生を裁判で助けるなど、今までとは別人のような善良な弁護士に変身する。

テソクは最初の結婚でできた幼い息子を、妻の代わりに保育園に迎えに行くのが遅くなったことが発端となって轢き逃げ事故で失い、それが原因で妻と夫婦関係が悪化して離婚していた。それから一五年が経ち、事件は時効を迎えていた。

しかし、最近になって事故現場に花束が毎日供えられていることから、犯人探しが始まる。犯人はチャンムの息子スンホだった。中学生の時に親の車を運転して事故を起こし、怖くなって親に隠蔽してもらっていたのだ。

その事実を知っていたスンホの中学校時代の同級生が、懸賞金ほしさからテソクに「会って真相を話す」と通報してきたが、突然、自殺する。「自分が轢き逃げ犯だ」という「遺書」を残して。しかし、これらは法律事務所の会長である、チャンムの母親の偽装工作で、手下に殺させたのだった。

すべての真相を知り、チャンムが贖罪の意識から自分をスカウトした事実を知ったテソクは、自分の頭や胸を叩いて慟哭し、自分の愚かさを責める。

追いつめられたスンホは警察に自首して、自分が轢き逃げ犯だと自白する。同級生も殺したと、ウソの「自白」までして。

テソクは法律事務所を辞め、国選弁護士時代に受けもった「スーパー強盗殺人事件」の「犯人」とされ、一五年間も投獄されていた男の再審請求をする。当時、子どもだった目撃者を探しだし、見事に逆転勝訴する。そして、真犯人は副社長だったことも明らかにする。

これらはすべて、症状が悪化し、意識や記憶が薄れる中で行なわれた。すべての「宿題」を終えたテソクは、家族や元妻と、死んだ息子の墓の前に集まる。そして思うのだ。

記憶が薄れる中でも「今が一番、心安らかで幸せだ」、と。

記憶とは、過去の体験の積み重ねである。記憶がなくなれば、その人間はもうその人間ではなくなる。人間を人間たらしめているものが記憶である。その記憶を認知症で失う恐怖は計り知れない。それが若ければ尚更だ。

若年性アルツハイマー型認知症の恐怖と悲劇は、韓国映画『私の頭の中の消しゴム』(二〇〇四年、イ・ジェハン監督)で多くの人に認知された。この映画のキャッチコピーは「死より切ない別れがある」だった。死より切ない別れ——記憶を失うということは、そういうことだ。

テソクはドラマの最初で、財閥の娘婿が医療過誤で患者を死亡させた事実を隠蔽するために、内部告発者の教授を「半年前にアルツハイマーだと診断されたことを公表する」と脅迫する。それに対して教授は「人生の不幸はある日、突然、やって来る。それも、とても静かに。準備する時間さえ与えない」と抗弁するが、テソㇰの脅迫を苦にして自殺する。テソㇰも自分が同じ病気になって、初めてその苦しみを知る。彼の人間性が変わる契機になった出来事である。

認知症になった人の頭の中がどうなっているのか、他人や景色はどう見えているのか、私たちには知るよしもない。しかし、このドラマはその難しい問題に果敢にチャレンジしている。おそらく、こういうふうに患者には見えているのだろうという映像で巧みに表現する。テソㇰ役のイ・ソンミンの鬼気迫る演技が、患者の心理を見事に再現してみせる。

テソㇰは自分に言い聞かせる。「記憶は頭ではなく、心臓で覚えるものだ。心を忘れ、頭だけを信じて生きてきたが、頭に裏切られた。自分で自分を裏切ったのかもしれない。心臓が止まるまで、持ちこたえてくれ」、と。

記憶力が落ちても古い記憶は逆に顕著になるから、過去と現在が混ざりあう。とても辛い記憶は現在の記憶と錯覚することが多いと言う。テソㇰにとってもっとも辛い古い記憶は、愛する息子を失ったことだ。それで、何度も元妻の家に足が向き、亡き息子のベッドで寝るのである。元妻は驚き、呆れ、そして彼に手をあげるが、彼が認知症と分かってから、自分がどんなに酷いことをしたのかを後悔する。そこに許しや和解という心が生まれる。

テソクは最後には「病気に感謝している。傲慢で偉ぶっていた自分に気づかせてくれた。毎日が奇跡のようだ」と思うまでになる。そして、妻に「ありがとう。君に会えただけで私は祝福された人間だ。銀行の金庫に、私の法的代理人を君にした書類と施設の入所契約書が入っているから」という録音を残す。

息子が話してくれたアメリカ映画『ショーシャンクの空に』(一九九四年、フランク・ダラボン監督)の中の「希望は良いものだ。この世で最高の贈り物だ。良いものはけっしてなくならない」というセリフを、テソクは心に刻む。病気が進行しても、けっして絶望せず、希望を持ち続けることを心に誓う。

このドラマの最大のキーポイントは、悪徳弁護士が社会的弱者を守る善良な弁護士に、そして家族を顧みなかった父親が家族思いの父親に変身する要因を認知症という病気にしたことである。

記憶が確かであれば、テソクは悪徳弁護士であることにも、駄目な父親であることにも気づくことはなかっただろう。横暴なクライアントの言いなりになるのではなく、財閥の罪を暴くことでおぞましい過去を清算する。

昔、弁護を担当した男が犯人ではなく、実は副社長が真犯人だったというストーリー展開はあまりにも辻褄合わせがすぎて、安易にも見えるが、ドラマとしては痛快で面白く、そして感動的に収束させる設定だと言えよう。このように展開しなければ、テソクの黒歴史もすっきりと清算できないことを知って、あえて脚本家はこのようなストーリーにしたのだと思われる。その奇跡は、認知症という逃れられない病気の中で、必死に更生しようとする一人の弁護士の姿をより鮮やかに浮かびあがらせる。

テソクを献身的にサポートする正義感の強い新米弁護士のジンや女性秘書の存在は、心が折れそうになるテソクをたびたび救う。

この描写は、認知症になった人間が周りの人間の助けを借りなければ生きていけないこと、また社会全体で患者を見守り、患者と共生すべきだという理想を示している。最後にテソクは自ら認知症であることをネット記事で明らかにするが、これは自ら退路を断ち、己自身と闘う意志を示すためだったと思われる。

大手弁護士事務所を辞め、ジンらとみんなで小さな弁護士事務所を開設するとか、ラストシーンでテソクに「今が一番幸せだ」と言わせるところとか、非常に理想的で甘い展開だが、これくらいの「希望」を抱かせないと、この重い問題に作品が潰されてしまう。現実は厳しい。そんなにうまく行く訳がない。しかし、わずかでも希望の光を。それが制作者たちの願いだったのではないかと思う。

この作品のジン役で本格的にドラマ・デビューした、イ・ジュノの演技も素晴らしかった。今は押しも押されもせぬ人気スターとなったが、彼にとってもこの作品は忘れがたい記念すべき作品となったことだろう。

私は記憶力が悪い。そのため歳を取ってからは、ちょっとしたことでもメモを取るようにしている。ドラマの中でもテソクがメモを書き、それをPCに貼る場面がたびたび出てくるが、記憶力を補完する上でメモは有効な方法だ。

私は人の顔を覚えるのは非常に得意だが、人の名前はちっとも覚えられない。記憶力が悪いことを自覚して、私はかれこれ五〇年間も毎日、日記を書いてきた。しかし、昔の日記を読み返して人の名前が出てきても、誰だったか思いだせない。膨大な量になってしまった日記から、記憶を取りだす勇気もない。こんな私が認知症になって記憶を失ったらどうなるかと考えると、背筋が凍る。残された私の日記は果たして私の記憶として、誰かが読み返してくれるだろうかと不安になる。

記憶とは改変と忘却を繰り返すものであり、脳内で神経細胞の星座のようなネットワークとして記録され、復元されるのだと言う。私の日記とは違い、忘却によって人間の記憶は強化され、洗練されているのだとも。改変も忘却もけっして記憶を阻害するものではない。無駄なことを忘れることによって、人の記憶は強固なものになるのである。

しかし、人生の大事なこと、たとえば家族や友人など、大切な人びとを忘れることは、自分自身を失うことと同じだ。この作品は、失っていく「記憶」をモチーフにして、真の人間の生き方、家族の大切さを提示した傑作として、長く人びとの記憶に残るドラマとなった。

5

『キングダム　1・2』

新たな恐怖を生みだしたK‐ゾンビの最高傑作

『キングダム　1・2』作品情報

制作　A　STORY
原作・脚本　キム・ウニ
演出　シーズン1＝キム・ソンフン
　　　シーズン2＝パク・インジェ
配信　ネットフリックス
話数　12話
制作・配信年　2019年～2020年

〈主な出演者〉
チュ・ジフン
リュ・スンリョン
ペ・ドゥナ
キム・サンホ
キム・ソンギュ
チョン・ソクホ
キム・ヘジョン
ホ・ジュノ
チョン・ソクホ
チョン・ソグォン

英語の「キングダム」という単語には、主に二つの意味がある。一つ目は、国王が統括する国や領域を指す。二つ目は、生物学において、生物を大きく分けた分類群の一つである「界」を指す。

「キングダム」と題した作品は多い。日本でもマンガや映画などで同名の作品があるが、この作品とはまったく別物である。

二〇億円の制作費をかけたこの作品は、キム・ウニ原作のマンガ『神の国』を映像化したゾンビ物の一種で、ネットフリックスで配信されるや、『ニューヨーク・タイムズ』が二〇一九年の「インターナショナルTV番組トップ10」に選定した傑作で、この後、韓国で作られるゾンビ物は「K‐ゾンビ」と呼ばれるようになった。

この作品のタイトルである「キングダム」は、おそらく二番目の意味で、生物を大きく分けた「界」であり、ゾンビ（物語の中では「化け物・怪物」と呼ばれる）という人間とはまったく違う新しい生物だ、というほどの意味だろう。

朝鮮王朝時代、王が病に倒れたという噂が国中に広まる中、「王は死んだ。新しい風が吹くだろう。政治は腐敗し、重い年貢の徴収で民は苦しんでいる。己の利益に目がくらんだ非道な外戚の群れを倒せ」と書かれた怪文書が至る所に貼りだされる。

これは、側室から生まれ、王の唯一の息子であるが、何の後ろ盾もない世子《セジャ》が、王宮を牛耳っていたチョ氏一族に歯向かうために企てたものだった。すぐに反逆罪（逆賊）で追われることになるが、世子は王の生死の謎を確かめるために、追っ手が来る前に一人の部下だけを連れて遠隔地にある慶尚道《キョンサンド》の医院に旅立つ。

チョ氏一族の長である領議政《ヨンウィジョン》（現在の首相のような役職）は、一五九二年と九八年の二回にわたって行なわれた豊臣秀吉による朝鮮侵略戦争の際、人間を生き返らせる生死草の存在を知り、ライ病（ハンセン病）の村人を皆殺しにしてから生き返らせて日本軍と戦わせる。生き返った者たちは、何も怖がらずに突進し、人間の肉を食いちぎるゾンビになっていた。

それから三年後、領議政は若くして正室（王妃）に座らせた娘が妊娠していることを知り、病死した王を同じ手口で蘇らせ、ゾンビにして、鎖に繋ぎ、王は病に臥せっているだけだとひたすら真相を隠す。

領議政は王妃が世継ぎを産んだ後に王を殺せば良いという陰謀を画策していたのだが、ゾンビになった王は世話をする者たちを何人も食い殺していた。その内の一人の死体が慶尚道の医院に連れ戻されていたのだった。戦乱と重税により、国中が荒廃し、民衆はその日の食べ物にも困る最悪の状態にあり、餓死者が続出していた。

医院の人びとはあまりの飢えに、その死体を煮て食べてしまう。すると食べた者はすべてゾンビになり、人を襲うようになる。昼は軒下で死体のように動かず、夜になると動きだす。

問題は三年前と違って、ゾンビに襲われた者も感染して新たなゾンビになることだった。すなわちゾンビは一瞬にしてネズミ算式に増える。ゾンビは火と水は怖がるが、首を刎ねるなど、頭を攻撃されないかぎり死なない。

この緊急事態に世子は民衆を救うために立ちあがるが、領議政は疫病を防ぐためとして慶尚道を完全に封鎖する。世子はかつての師匠の軍勢とともに、ゾンビの大群に立ち向かうために、竹槍を刺した落とし穴を作り、弓矢や銃や大砲を準備して待つが、夜になってもゾンビたちは来ない。ゾンビは太陽の光が嫌だったのではなく、夜になって寒くなると動きだすのだった。

冬を迎えて寒くなったため、ゾンビの大群は昼にやって来た。殺しても、殺しても、次から次に突進してくるゾンビの群れに押され、世子たちは城に立てこもる。

ドラマの前半ではゾンビが夜中に動いていたので、その姿は画面からはあまりよく見えず、怖さがあまり伝わってこなかった。当時はロウソクの光や、松明の光だけが頼りなので、画面が暗くなるのは当然なのである。私は映像が暗いと言うよりは、緊張感を高める効果をもつ重厚な映像だと思った。しかし、日中にもゾンビが動き始める設定にしたことによって、むしろ恐怖は倍増する。このあたりの演出はゾンビ映像の新境地を切り開いたと言っても過言ではないだろう。

大勢の避難民を食べさせる米がないため、世子は精鋭とともに城を抜けだし、聞慶峠《ムンギョンセジェ》にある追っ手の中央軍の陣地に向かう。そこには領議政がゾンビと化した王を連れてきており、王に世子を襲わせる。

窮地に陥った世子は仕方なく王の首を刎ねるが、兵士たちに囲まれる。その時、王に襲われてゾンビとなっていた世子の恩師が領議政を襲い、その頬を食いちぎる（この場面はえぐいほどリアルだ）。

世子は真相を明かして中央軍を説得し、味方につけて王宮のある漢陽《ハニャン》（現在のソウル）に向かう。漢陽では王妃が出産間近になっていた。しかし、実は王妃は流産しており、多くの妊婦たちを別宅に集めて男子が生まれるのを待ち、女の子であれば母親も乳児も殺していた。

その事実が明らかになるや、世子は生まれたばかりの男の子を抱いた王妃に詰め寄る。それを知った王妃の手下である尚宮《サングン》（朝鮮王朝の女官の称号の一つ）が、牢屋に隠しておいたゾンビを解き放つ。そのため王宮は大混乱に陥り、ゾンビだらけになる。しかし、世子たちは命をかけて戦い、ゾンビを殲滅する。春になってゾンビたちは動かなくなり、すべて燃やされ、疫病は収まるが……。

粗筋を紹介しても、あまり面白くないと思う。チョ氏一族の極悪非道な行ないは分かるが、それだけではこれまでの韓国時代劇と違うところは少しもない。

重要なのは、両班《ヤンバン》（当時の支配階級）であれ、賤民であれ、大人であれ、子どもであれ、男であれ、女であれ、ゾンビに咬まれれば、貧富や身分の違いに関係なく、「平等に」おぞましいゾンビになるという点である。

これは身分制度を絶対のものとしていた朝鮮王朝時代のまさに根幹を揺るがし、天地がひっくり返るほどの重大な設定なのである。

『ニューヨーク・タイムズ』が「韓国時代劇の型を破壊した作品」と評したのは、まさにこの点であり、正鵠を射た評価と言えよう。

これまでの韓国時代劇は、両班でないとか、妾の子として生まれたとか、賤民として生まれたという逆境を乗り越え、苦労して学問や芸術、商売などで成功を収めるというパターンがほとんどであった。このすべての根底には絶対的な身分制度があった。これを、ゾンビ・ドラマはいとも簡単に乗り越えてしまったのだ。

身分制度など、何かで偶然、権力をもった人間が統治のために作りあげた架空のシステムにすぎない。しかし、長い歴史の中で培われてきた血統は、それを強固なものにしてきた。絶対にひっくり返せないシステムだと、人びとに強く刷りこまれた。白丁《ペクチョン》（部落民）などは、まさにその最たるものだろう。

「天は人の上に人を造らず、人の下に人を造らず」とは福沢諭吉の有名な言葉だが、この平等思想に至るまで日本も明治時代まで待たなければならなかった。ドラマの中で、世子が「民は飯をもって天となし、王は民をもって天となす」という言葉も、まさに平等思想の芽生えであったと言えよう。この場合の「天」とは、神のことを意味する。

絹の着物を着て、学問だけに明け暮れ、宮中で食べる心配もなく優雅に暮らしている両班や、高貴な正装をした王妃が最後に、ゾンビに咬まれて、おぞましいゾンビになって襲ってくる場面は、何と痛快なことだろう。みんな同じ人間にすぎないのだ。それがゾンビになって、丸裸になったように露わになる。この真実を時代劇で示したことに、この作品の面目躍如たる慧眼がある。

そして何より、ゾンビの描き方が秀逸だ。これまでのゾンビ物のように、ゾンビはゆっくり飛び跳ねてはいない。猛烈な勢いで、全速力で人に襲ってくる。白目をむいて、血で汚れた口をいっぱいに開け、赤黒く汚れた歯で、隙あらばどこにでも咬みつこうとする。

この新しいゾンビ像が、K‐ゾンビと言われる所以だろう。高速鉄道の車内でゾンビが襲ってくる惨状を描いたパニック・ホラー映画『新感染　ファイナル・エクスプレス』（二〇一六年、ヨン・サンホ監督）や、ゾンビウイルスが蔓延し始めた高校で逃げ場を失い、絶体絶命の学校の中に取り残された生徒たちが生き残りをかけて戦う『今、私たちの学校は…』（二〇二二年、一二話）などはすべて、この系列に属する作品である。

城に押し寄せる無数のゾンビ。血で染まった口を広げ、不気味な吠え声をあげながら、全速力で走って来る様は、恐怖以外の何ものでもない。竹槍の刺さった落とし穴に落ちても、次から次へと押し寄せ、すぐに大きな落とし穴はゾンビで埋まり、その上をゾンビが駆け抜ける。真っすぐ走ることしか知らないから、鋭い竹槍にもそのまま突進して刺される。

このような撮影はどのようにしてなされたのか不思議だが、リアルそのものである。ゾンビ役の人たちの演技がとにかく凄い。壁も壊す。すべてを破壊する怒った巨大な群衆の底知れぬ力、群衆の恐ろしさを垣間見る思いがした。これを世界の独裁者たちが観たら、恐怖に慄くのではないだろうか。

宮中で繰り広げられる戦いも凄まじい。一瞬の内に拡散するゾンビ。それまで静かだった宮中が阿鼻叫喚と化す。

この中でゾンビに追いつめられた世子たちは、最後の賭けに出る。屋根瓦を伝って、庭園の凍った池にゾンビの群れを誘導する。そして、厚く凍った氷を銃で撃ち、拳で殴り、そして最後は太ったゾンビを巴投げして、ついに氷を割る。

この場面も特撮なのだろうが、厚い氷が徐々に割れて、ついに全部が割れ、全員が水の中に落ちる場面はクライマックスにふさわしい、緊張感溢れる素晴らしいシーンだった。ゾンビたちは死に、ゾンビに咬まれた傷口からは病原となった細い虫がぞろぞろと出てくる。


生死草の葉の裏についている卵が体の中に入って孵化し、脳に達するとゾンビになるという設定も奇抜だ。つまりゾンビを作りだしたのは、生死草を使って死者を生き返らせるという愚かな人間による悪行の結果なのであった。

ラストはシーズン3を意識して、とってつけたような終わり方になり、興醒めしてしまったが、その蛇足とも言えるマイナス部分を差し引いても、この作品はK - ゾンビの最高傑作だと言って良いだろう。


私たちは二〇一九年から三年あまりも、新型コロナウイルスのパンデミックに苦しめられた。

多くの人びとが亡くなり、そして今も後遺症で苦しむ人も多く、世界経済は破綻寸前にまで追いやられた。このような苛酷な経験をした私たちにとって、このゾンビ作品はとても他人事、空想の産物、絵空事としては観られないものとなった。

このK-ゾンビの傑作を観て、私たちは多くの教訓を得なければならないと思う。ウイルスがひとたび拡散すれば、大衆はもちろん、富める者も、権力者も無事ではいられないのだから。

6

『ここに来て抱きしめて』

加害者家族と遺族の心の傷を癒す救済の物語

『ここに来て抱きしめて』作品情報

脚本　イ・アラム
演出　チェ・ジュンベ
放送　MBC
話数　16話
制作・放送年　2018年

〈主な出演者〉
チャン・ギヨン
チン・ギジュ
ホ・ジュノ
ソ・ジョンヨン
ナム・ダルム
リュ・ハンビ
キム・ギョンナム
ユン・ジョンフン
キム・ソヒョン
パク・チュミ
チェ・リ
パク・スヨン

桜の花びらが舞う春のある日、有名女優の一家が田舎に引っ越してくる。息子とナグォン（楽園という意味でもある）という名の娘と暮らす、幸せを絵に描いたような四人家族だ。

近くに犬肉の販売（二〇二四年一月九日、韓国国会は食用を目的とした犬の飼育や販売などを禁じる法案を可決した）と水道管修理を職業とする男の家族が住んでいた。二年前に幼い娘を連れて男と再婚した妻、そして前妻の息子である長男と、ナム（木という意味でもある）という名の次男の五人家族である。

ある雨の日、いなくなった愛犬を探していたナグォンは、ナムの家の前で犬の名札を見つけ、家の中にある地下室に下りていく。そこには檻に入れられた犬と、その鍵をハンマーで壊そうとしていたナムの姿があった。後から入ってきた男は、自分はナムの父親だと言ってその場を取り繕うが、恐怖を感じた二人は犬を助けだし、ナムはナグォンを家まで送る。中学生の二人はすぐに仲良くなり、じきにお互い初恋の相手となる。

実は、ナムの父親は二年の間に一二人の女性を殺害した連続殺人犯だったのだ。死者の遺品を焼却炉で処理する夫の姿を、偶然、目撃した妻は恐怖心から、すぐに娘だけを連れて逃げる。怖くて警察には通報しなかった。

しかし、クリスマスの夜、ナムの父親はナグォンの両親を殺し、ナグォンまでもハンマーで殺そうとする。以前から父親に不審感をもっていたナムは、警察に通報して、父親からもらったハンマーで父親を殴りつけ、ナグォンを守りぬく。父親は逮捕され、死刑囚となった。「あの夜」から九年後。ナグォンは母の後を継いで女優を目指し、ナムは警察大学校に入学していた。偶然、ナグォンが大学を訪れた時に、制服を着たナムと再会する。二人は名前を変えていたが、互いにすぐに誰かを理解する。

しかし、その頃、ナムの父親は獄中から自叙伝『私はあなたと違わない』を、センセーショナルな報道だけを目指す女性記者にそそのかされて出版し、印税をすべて自分の家族に渡すと明らかにしていた。これに怒った遺族たちは、自叙伝の出版は犯罪者を偶像化するものだと、出版差し止めを求める抗議運動を行なっていた。

この本で一挙に加害者家族の正体が明らかになり、ナムが大学を首席で迎えた卒業式典に、遺族たちが押しかけてナムに卵を投げつけ、激しく責めたてる。父親から逃げた義母（ナムを引き取って一緒に暮らしていた）が営む食堂にも、「人殺しの家族」などの落書きが赤いペンキで大書され、村の人びとからも罵倒される。

それから三年後。ナムは刑事になり、ナグォンは人気俳優になっていた。

父親に認められたいナムの兄は、小さな悪事を重ねて刑務所に入っていたが、仮出所でシャバに出てくる。そのすぐ後に仮出所した、同じ刑務所に服役していた若い男はナムの父親を崇拝して「アボジ（お父さん）」と呼び、自叙伝を完成させることを生きがいとする模倣犯となって、ナムの父親と同じようにハンマーで人を殴り殺す連続殺人を犯していく。

そして、ナグォンに血のりのついたハンマーを送ったり、撮影所に閉じこめたりして、恐怖と不安を与える。ナムはナグォンの家で寝泊まりしながら彼女を守っていたが、そこに兄が現われ、揉みあいになり、ナムは腹部を兄に刺される。

模倣犯は「あの夜」のことを暴露した女性記者を殺し、父親のファンクラブの一員であった看護師は父親を護送中に逃がす。

父親はまた殺人を始め、ナムの義母を襲う。そこに駆けつけた指名手配中の長男にも傷を負わせる。模倣犯は捕まるが、父親の居所を白状しない。

父親と看護師は協力してナグォンを拉致し、ナムを廃墟となった犬舎に呼びよせる。そこで親子の最後の対決が始まる……。

この作品の要点は、親の凶暴性は遺伝するのか、殺人犯の家族は責められるべきなのか、殺人犯の息子と両親を殺された娘の愛は許されるのか、という点である。

ナムは大学の入学面接の時にも「自分はあの連続殺人犯の息子です」と正々堂々と明かす。そして「個人的贖罪」の立場に立って、遺族の暴力や罵倒にも無抵抗で堪える。

しかし、父親がいつも口にしていた「長男よりおまえの方が自分に似ていて、見こみがある。

同情や愛情はおまえを軟弱にし、煩わせる。そんな奴は、この俺がすべて排除してやる。この世の中は巨大な檻で、人間も殺しあう獣だ。弱者は淘汰され、強い者だけが生き残る」と幼い頃から聞かされ、父親に似ている部分があると自分でも気づいていたナムは、殺人犯の血が自分にも流れている、もしかしたらサイコパスは遺伝するのではないかと心の中だけで悩む。

実際に、兄や模倣犯と揉みあう中で、ナムが時おり見せる、異常な目つきとニヤリと笑う表情には、自分でも気づかない狂気が宿っているのではないかと観る者に思わせる。

この作品が初主演作だというナム役のチャン・ギヨンは、優しさと狂気を併せもった人間を凄みのある演技で、見事に演じきった。この作品で彼は、第五五回百想芸術大賞の男性新人賞を受けたが、納得のいく受賞だった。

父親との最後の対決場面で、父親は「悪とは他人に証明されるものではない。自分が証明するものだ。俺は自分の子どもしか信じない。分身である子どもは親を裏切らないからだ。おまえのためなら俺は死ねる。俺を殴り殺せ。悪は引き継がれるものだ」と言うが、ナムは「狂気は遺伝しない。悪は育まれるものではない」と抗弁する。

そして、警察が駆けつけて、父親を逮捕しようとするが、父親は拳銃を奪って刑事を盾にする。その父親の頭をナムは拳銃で最初は狙うが、気を取り直し、脚を撃って逮捕する。つまり、自分は父親とは違うのだということを、最後に自ら証明してみせたのだ。

狂気や暴力は当然のことながら遺伝するものでも、育まれるものでもない。しかし、当事者にしてみれば、つねにその不安や恐怖と闘わなければならない。その苦痛は計り知れない。しかし、それらを自分で克服しないかぎり、平凡な人間として生きることはできないのだと、このドラマは訴えている。

次に、加害者の家族にも罪があるのかという問題である。もちろん、ない。しかし、肉親を無残に殺された遺族の苦しみは、犯人が死刑判決を受けても、やり場のない怒りを生む。世界では死刑廃止が主流であり、日本でもその論議が活発になり始めている。だが、死刑がなくなり、無期懲役が最高刑となれば、遺族の怒りはどこに向ければ良いのかという意見もある。

このドラマの場合、犯人が死刑判決を受けていても、加害者家族に対する遺族の怒りは執拗で激しい。父親が印税を家族に渡すとマスコミで報じられ（事実ではない）、家族の個人情報が明らかにされるにつれ、遺族の怒りは加害者家族に直接向けられる。

世間が加害者の家族を追いつめる、このような事例は日本でもあった。

一九九七年に起きた「神戸連続児童殺人事件」の犯人、少年A（当時一四歳）は少年院を二一歳で出所した後、遺族に対して謝罪の手紙を送り続けた。しかし事件後、少年Aの両親は、「おまえたちが交尾してできた化け物の責任を取れ」などと多くの誹謗中傷にさらされた。彼の父親は職場を追われ、両親は協議離婚し、母親は二人の子と人目を避けて、各地を転々としたと言う。彼の両親は本を出版して、その印税も含め、遺族に賠償金を払い続けているらしい。

しかし、少年Aは出所後、ネットに自分の裸の姿（顔は分からないようにしてある）の写真を載せたり、遺族に無断で手記『絶歌』を出版して、世間を騒然とさせた。以降、遺族への手紙は途絶えたままだ。四一歳になった彼は、今もどこかで生きている。遺族の気持ち、怒り、悔しさはとても想像できないほど深いものだろう。しかし、彼の本名、改名した後の名前、過去や現在の顔写真などはネットで公開されており、職場や住居を転々としているようだ。

また、一九九八年から九九年にかけて起こった「東京・埼玉連続幼女誘拐殺人事件」の犯人・宮崎勤は死刑になったが、実家には「おまえらも死ね」「殺してやる」という脅迫の手紙が多く届き、連日マスコミや野次馬が押し寄せ、とてもそのまま住める状態ではなくなった。宮崎が逮捕された一年後に一家は引っ越しを余儀なくされ、妹は婚約を破棄され、父親は投身自殺（享年六五）し、最後は一家離散となった。宮崎を冤罪だと擁護する言説もあるが、宮崎の一家が元の平穏な生活に戻ることはもうない。

このように殺人事件の遺族は想像を絶する苦しみの中で生きることになるが、加害者家族も好奇の目にさらされ、社会のバッシングを受けるなど、罪科を背負い、贖罪しながら生きていくことになる。

このドラマは父親が殺人犯、しかも自分が親しくし、仲の良い女の子の両親を殺害するという設定の中で、彼の息子が背負う苦しみを描いている。少しだけワルの長男は父親に認めてもらいたくて軽犯罪を重ねるが、父親のように残忍なことはできない。

次男のナムは生来の優しい性格で、父親に刷りこまれた潜在意識と闘いながら、父親と対峙する道を選ぶ。この二人の生き方を対照的に描くことによって、子は親の分身ではなく、親と子は似ている部分はあってもまったく違う存在なのだと、この作品は主張している。

最後に、加害者の息子と被害者の娘の恋愛は成立するのか、周囲から許されるのかという切実な問題を提起している。月日が経ってもナムとナグォンは、互いを求めあう気持ちに変わりはなかった。中学生の時の淡い初恋など、両親が殺された時点で犯人の息子に対する気持ちは、普通「憎しみ」に変わるものではないか。少なくとも、気まずい関係にはなるだろう。

しかし、この作品は、二人の気持ちはナムが身を挺してナグォンを守った「あの夜」以降も変わらず、ナムが最後までナグォンを守りぬくという設定にして、究極の愛を描こうとしたのだと思われる。

　しかも、ナムが狂気に陥ろうとすると、ナグォンが必ず止める。つまり、二人にとって互いの存在は、なくてはならないものとして描かれているのだ。幼い頃のナムは、父親の言葉は常識や規範で、子どもが守らなければならない綱領のようなものだと思いこんでいたが、初めて守りたい人と出会い、その人を守ろうとする時、人間は真に強くなって、父の言葉は間違いだったのだと気づくのである。


　しかし、遺族や、周囲の人間がその恋愛を黙って許すはずがない。マスコミは二人の「異常な」恋愛も暴くが、二人を追跡していた別の女性記者は最後に二人の愛が必然的なものであり、温かく見守ってやろうという記事を書く。

　ここには誤報を繰り返し、被害者と加害者の家族両方にとって苛酷な記事を、スキャンダラスに報じ続けたマスコミへの痛烈な批判がこめられているのかもしれない。

　ナムと会うのを反対していたナグォンの兄も最後には二人の仲を認める。それは、奇跡的なことで、普通ではありえない話である。しかし、そこがドラマの特権であり、フィクションであれば理想や理念をいかようにもストーリーとしてねじこむことができるのだ。

連続殺人犯の父親役をやったホ・ジュノの演技の凄みは、本物の殺人鬼かと思わせるほど鬼気迫るものだった。いつもは冷静沈着なのに、ナムのことになると表情を豹変させる。ドラマの中で殺人鬼にも「父性」はあるのかという問題提起が何度もなされる。私の結論として言えば、たとえ歪んだものであっても「父性」はあったのだと思う。ナムを再び自分と同じ部類の人間にするために、脱獄までし、最後は「おまえのためなら死ねる」とまで言い切る。

私の父も、母や子どもに暴力をたびたび振るった。そこには「躾ける」という大義名分があったが、実は愚かで歪んだ父性だったように思う。父性や母性というものは、子どもができたからと言って自然と生じるものではない。子どもの成長とともに育まれていくものだ。しかし、このドラマの父親は間違った父性を最後まで是正することも、変化させることもできなかったのである。

義母の役を演じたソ・ジョンヨンの演技も凄かった。
初めて収監されている「夫」に面会に行き、「夫」から「おまえは俺の女だ。何よりおまえの匂いが好きだった」と言われた時のおぞましい表情の演技、自分がすぐに通報しなかったことで殺人が続いたことに対する罪悪感と贖罪の意識に満ちた表情、いつも我慢しているナムに

「悲しい時は泣いても良い。辛い時には誰かに抱きしめてもらいなさい」と言いながら抱きしめる慈愛に満ちた母の優しさ、脱獄した「夫」が自分を襲い、長男までも殺そうとした時に見せた母親の逞しさ、どれをとっても第一級の演技だった。

ただ、ナグォンの兄が一二歳の時に、実の両親を殺した犯人を刺し殺したが、正当防衛になり、ナグォンの両親の養子になったとか、「あの夜」の担当刑事でナムや義母を気遣っていた刑事が、そのためにナムの父親に殺されるとした設定、先輩刑事が女性記者殺害の音声証拠を隠匿し、後に別の女性記者に渡すシーンなどは必要なかったのではないか。ナムとナグォンの二人が、再会から自然と愛を深める描写も、もう少し最後の方にもっていった方が感動したのではないか。などなど不満はあるが、難題を扱った良作と言えよう。

桜散る春の日、ナムとナグォンの二人が、健気に生きぬいた中学生時代の二人を抱きしめ（回想シーン）、ナム（木）のように真っすぐ育ち、二人でナグォン（楽園）に行くのだというラストシーンは、殺人犯の家族と被害者の遺族が許しあうという救いを見せている。この作品は単純なサイコパス・ドラマでも、ラブ・ストーリーでもなく、双方の家族の深い心の傷を癒す救済のドラマなのであった。

7

『凍てついた愛』

息子の転落事故の隠蔽を暴く両親の深い愛

『凍てついた愛』作品情報

原題　『美しい世界』
脚本　キム・ジウ
演出　パク・チャンホン
放送　JTBC
話数　16話（ユーネクストでは22話で配信）
制作・放送年　2019年

〈主な出演者〉
チュ・ジャヒョン
パク・ヒスン
オ・マンソク
チョ・ヨジョン
ナム・ダルム
キム・ファニ
イ・チョンア
ソ・ドンヒョン
ユン・ナム
チュ・ソクジェ
アン・ソヨ
チョン・ジェソン
キム・ハクソン
イ・ジェイン
ソ・ヨンジュ
カン・マルグム
イ・ジヒョン
ソ・ヨンジュ
ミョン・ジヨン
チョ・ジェリョン
チェ・ドクムン

皆既月食の夜。私立中学校の三年生、ソンホが校舎の屋上から転落する。屋上には運動靴が置かれてあった。病院に運ばれ、手術を受けるが、脳死の危険性もある昏睡状態になる。落ちた現場からはソンホのスマホと日記帳がなくなっており、監視カメラは作動していなかったと言う。第一発見者・通報者は学校の警備員（元警官）だった。警察は自殺未遂か事故か、あるいは他殺未遂かで捜査を始める。

ソンホの家族は、高校教師の父親ムジン、パン屋を経営している母親のイナ、同じ中学校に通う二年生の妹スホ、そしてパン屋を手伝っている叔母。

ソンホは心が優しく、正義感の強い子どもだった。家族は「ソンホは絶対に自殺するような子ではない。とくにこの夜は皆既月食を一緒に見る約束をしていたので自殺はありえない。スマホがなくなっているのもおかしい」と警察に必死に訴えるが、証拠もなく、状況から見て事件性もないとして、警察は捜査への熱意を示さない。

そんなある日、イナのスマホに動画が送られてくる（送ったのは警備員）。四人の同級生がソンホに集団で暴力をふるっている動画だった。

警察は自殺未遂の原因がイジメ（校内暴力）にあるのではないかと思い、四人に事情聴取するが、「ソンホは最近、成績が落ちて悩んでいた。ただのゲームであり、遊びだった。ジュンソクは見ていただけだ」と一致して「証言」し、ジュンソクは「自分はやりすぎだ」と同級生をたしなめたと言う。

ジュンソクは、学校の理事長ジンピョと母ウンジュの一人息子で、ソンホとは大の親友だった。途中で「首謀者はジュンソクだ。ジュンソクがイジメの役割まで決めた」、「いや違う」と加害者の「証言」が食い違ってくる。

ソンホの家族は、それぞれが事件の真相を求めて動きだす。母親のイナは、警察から返却されたソンホの所持品の中の運動靴に異変を感じる。ソンホは靴紐を結ばないが、その運動靴の紐は結ばれていたからだ。イナは「偽装工作」が行なわれたと確信する。

ソンホのスマホの通話履歴から、最後の通話位置が割りだされ、あの日、三度も電話していた相手が、休学中の同級生ダヒだったことも明らかになる。妹のスホも、ソンホのICカード履歴から花屋に寄っていたことを知り、ソンホが花束を買って行ったが、しばらくして花束を持ったまま、暗い顔で帰って行ったという話を花屋から聞きだす。

しかし、何かを知っているかもしれないと思ってイナはダヒに連絡するが、ダヒにも彼女の親とも会うことができない。スホはダヒの家に花束を持って訪ねるが、ダヒの母親はダヒに会わそうとしないばかりか、スホの花束をゴミ箱に捨てる。

運動靴からは指紋は採取できないと警察はイナを相手にせず、まるで一切証拠のない事件を手探りで、薄紙を剝ぐように一つひとつの疑問点を解き明かすような作業を家族はしていく。

ゆえにドラマの展開は非常にじれったい。

「イジメ調査委員会」の結論は、暴力をふるった三人に軽い奉仕活動を科し、ジュンソクは処分しないというものだった。

これに怒ったスホは、大統領府に「兄の無念を晴らしてください」という「請願書」を送るが、賛同者は一向に増えなかった。逆に学校では、学父母を含めて大騒ぎになる。

加害者の親たちは「示談金を一銭でも多くせしめようと思っているのか。恥知らずな親だ」とか、「子どもの未来がかかっているのに非常識だ」などと、あることないこと言いあいながら、中にはイナに示談金を持って行き、穏便に済ませてくれと頼む母親もいた。もちろん、イナはそんなカネは受け取らないのだが、どんどん加害者家族との関係は悪化していく。

学校でも、事件が起きた直後から「生徒をよく監視しろ」と教員に強要していた日和見主義者の教頭は、「学校の名誉を傷つけるような言動は慎むように。請願書は虚偽の事実を流布させ、学校を中傷するデマだ」と決めつけ、教員に対する締めつけを強化していく。

一方、ジュンソクの家では三人の腹の探りあいが続いていた。実はあの日、ウンジュはいつも通り、ジュンソクを塾から連れて帰る途中、「学校に寄っていくから、先に帰って」とジュンソクに言われるがまま、学校の裏門に車を止めて息子を下ろすが、胸騒ぎがして学校に引き返す。そして、ソンホが落ちた現場を見て、すぐに息子に電話するが、着信音が屋上からするので屋上に行くと、そこには座りこんで泣く息子の姿があった。動転したウンジュは「事故だった」という息子の言葉を信じて、先にジュンソクを車に戻し、ソンホの足から運動靴を取って屋上に戻り、靴紐を結んだのだった。

下に下りると警備員がいたため、ウンジュは「カネはいくらでも出すから、私たちがいたことは秘密にして」と頼みこむ。カネに困っていた警備員は、その要求を受け入れて、二日後に地下鉄のコインロッカーでカネを受け取っていた。その場面は監視カメラに映っており、警察も確認したが、ウンジュは夫に指示されたとおり、「カネに困っていた警備員に頼まれて、カネを渡しただけだ」と言い逃れる。

父親のジンピョは息子に、イジメについては「バレるウソはつくな。隠せば事が大きくなる。正直に話して、信頼を得れば、大きなウソは隠しとおせるものだ。友情を守ろうとして、ウソをついただけだと言え」と諭す。そのとおりにしたお陰でお咎めなしになったことは、ジュンソクにとっては大きな「成功体験」となる。

ジンピョは「この社会は上位一％が動かしている。残りはそれに従うだけで、ただの駒にすぎない。リーダーは指示を出す人間で、自分の手は汚さないものだ。おまえの言うことを命令と感じる、友だちの奴隷根性は変えられない」、と息子に言い聞かせる。

しかし、ジンピョは最初から事件の顚末をすべて知っていたのだった。警備員から一番最初に連絡を受けたジンピョは、警備員に監視カメラから画像をすぐに削除するように指示し、妻の偽装工作も隠蔽するように命じていたのである。そして、警備員が裏切らないよう、四六時中、尾行をつけていた。

クラスで「幽霊」と言われてイジメられていた同級生のドンヒをソンホが助けたことで、ソンホとジュンソクの間に亀裂が入る。正義感の強いソンホは、見て見ぬふりができなかったのである。

ジュンソクは親友のソンホの家によく遊びに行っていたが、ソンホの家庭が温かく、家族が仲良しなのに強い嫉妬心を抱いていた。自分の家は金持ちだが、一切そのような家族的な温かみがなかったからだ。

ジュンソクは、ドンヒを助けたソンホを「パン屋の息子のくせに生意気だ。友達関係にも上下がある。裏切り者だ」と思いこみ、イジメを始めたのだった。それも「呼びだしに応じなければ、ドンヒを代わりにイジメる」と脅して。

ドンヒは前の学校でイジメを告発したことでイジメのターゲットになり、仕方なく転校してきた生徒だった。兄から「二度と関わるな」と忠告されていたが、意を決して、あの夜、ソンホと会ったことをイナに告白する。

あの夜、ドンヒは前の学校の生徒からグループチャットで、「汚い、さっさと死ねよ」「顔を見るだけで反吐が出る」「二度と生まれてくるな」と言われていたことを苦にして、自殺しようとしていた。それを止めたのが、偶然通りかかったソンホだった。

ドンヒは自分に「今から約束した人と会う。『自殺』(チャサル)を逆に読めば『生きよう』(サルジャ)になる。弱い者をイジメて喜んでいる奴らの方こそ幽霊だ。絶対に負けるな。また明日……」と言ってくれたソンホが自殺なんてするわけがない、と断言する。イナはドンヒの言葉に勇気を得、息子が絶対に自殺しようとしたのではないという確信をより深める。

しかし、ダヒの両親から「ソンホが娘をレイプした。娘は自殺を図るほどショックを受けている。ソンホがこうなったのはいい気味だ。一生目を覚まさず、苦しみ続ければ良いと思っている」という衝撃的な話を聞いて、強いショックを受ける。

しかし、これは勘違いだった。レイプされてショックを受けていたダヒが、親の質問に曖昧に受け答えしている内に、親が犯人はダヒをよく訪ねてくるソンホだと思いこんだだけだった。

ある日、警備員はイナに「生命力のある植物なので」と言いながら、サボテンの鉢を渡す。警備員はジンピョに脅されていた。麻薬中毒者の息子を監禁し、「もし事実をばらしたら息子を殺す」、と。

良心の呵責を感じていた警備員は、妻が死んだことで決心がつき、葬儀場から抜けだして、真夜中、ムジンに「すべてを話す」と電話する。その電話中に、警備員はトラックに轢かれて死亡する。

ムジンは以前、警備員に会って、真実を話してくれと頼んだ際に、彼が「あなたはサボテンのような人だ。砂漠でじっと渇きに堪えている。でも私はオアシスにはなれそうにない」と言った言葉を思いだし、サボテンの鉢をひっくり返す。そこにはソンホのスマホがあった。

あの夜、ソンホはジュンソクと二人だけに通じる「ラピュタ」と名づけた学校の屋上でジュンソクと会い、二人の会話をスマホにすべて録音していた。

二人はダヒのことで言い争っていた。ソンホは好意を寄せているダヒをジュンソクがレイプしたと思いこみ、「この卑怯者」と言いながら揉みあいになり、勢いあまって屋上から転落したのであった。ジュンソクの言ったとおり事故だった。

問題はその後だ。ウンジュと警備員の会話も、すべて録音されていたのである。この録音を聞いて、ソンホの両親は大きなショックを受けるが、初めてソンホが自殺を試みたのではないという「物的証拠」が手に入った訳だ。

そして、昏睡状態からソンホが奇跡的に意識を取り戻す。

通報を受けた警察は、やっとウンジュとジュンソクの事情聴取を始めるが、ウンジュは夫から言われたとおり偽装工作は認めた。しかし、「夫は何も知らなかった。すべて私の責任です。ソンホの誤解が原因で起きた事故です」と自白する。このことはすぐに新聞の記事になる。

翌日、ジュンソクが学校に行くと、自分の机が後ろにポツンと置かれ、机の上には「人殺し」「人でなし」「悪魔」「死ね」「優等生ぶるな」「サイコパス」「理事長の息子なら人を殺しても良いのか」などと書かれた多くの付箋紙が貼りつけてあった。

行き場のなくなったジュンソクは警察に行き、「すべて自分がやったことだ」と言い残して姿をくらます。そして、ビルの屋上から飛び降りようとする。ソンホからジュンソクがよく行く場所を聞いたムジンが駆けつけて、ジュンソクを助ける。

ウンジュは故意の立証がないため情状酌量で罰金刑となり、ジュンソクは未成年ということもあって起訴猶予となった。

しかし、イナから「息子をここまで地獄に落としたあなたは、すでに終身刑よ」と指摘され、初めて心から反省し、夫の隠し金庫を開けて、夫が秘密の連絡に使っていたスマホを探しだし、警察に届ける。そこには殺人教唆の事実や、財団の不正の事実を示す情報が入っていた。警察の事情聴取を受けたダヒは、レイプ犯はジュンソクではなく、父親のジンピョだったと証言する……。

この作品は、多くの深刻な問題を提起している。まず、イジメがどこの学校でもありうるということだ。イジメられた被害者が不登校になったり、自殺するケースは多い。親は当然、学校や調査委員会に真相究明を求めるが、このドラマのように、その真相が明らかにされることはきわめて少ない。ほとんどが闇に葬られる。

子どもたちの間でのイジメは、昔からあった。最近、イジメの件数が増えているように報じられているが、これはイジメが最近になって急に増えたわけではなく、学校のイジメ実態調査が行き渡るようになって、統計の数字が増えていることに起因している。

ただ、昔のイジメはそれほど陰湿ではなかった。喧嘩したり、無視したりするのがせいぜいだったが、最近のイジメはＳＮＳとかグループチャットで匿名による暴言を投げつけ、誹謗中傷し、被害者を精神的に追いつめるケースが多い。もちろん、言葉の暴力だけでなく、身体的な暴力もある。未成年者の集団が一人に酷い暴力をふるい、故意的に死亡させた例もある。

学校や教育委員会は「学校や生徒を守る」という「大義名分」の下に、イジメの真相を隠そうとする傾向がある。学校も組織の一種なので、教員たちには学校を守ろうとする本能がまず働く。この作品の中で描かれている、理事長にへつらい、自分の出世しか考えない教頭の言動は、まさにその象徴的な例ではなかろうか。

教頭は最初から理事長の息子ジュンソクを擁護する立場で、彼がイジメの首謀者であったことを認めようとしない。ソンホの両親には学校が真相究明にどれほど尽力しているか、ソンホのことをどれだけ心配しているかを誠意をもって説明するふりをするが、それは表面的なポーズにすぎない。ジュンソクに不利な事実が明るみに出ると、教頭は教員たちを怒鳴り散らしながら、「イジメられる側にも、イジメられる原因がある」という暴言を平然と吐く。

とくに、ドンヒが重い口を開いて真実を告白した時には、ドンヒを職員室に呼びつけて「ウソを流布させるな」と頭ごなしに責める。また、新聞で取りあげられると、教員たちに「ソンホの親が買収して書かせたに違いない。取材には一切応じるな。生徒にも徹底して指導しろ」と命じる。ドラマなので誇張して描いているが、この教頭と同じような言動をした学校責任者は少なくないはずだ。結局、事件がすべて明らかになった後、この教頭は免職処分になるのだが、これはドラマ制作者の理想を描いたにすぎない。イジメで子どもが自殺しても、学校責任者が処分されるケースはほとんどないからだ。

ソンホの担任は学校の対応に疑問を抱き、絶望して教員を辞めようとする。何度も生徒に正直に話すように促すが、なかなか成果が出ない。

ソンホの事件にジュンソクが関わったことが明らかになると、クラスではジュンソクに対する新たなイジメが始まる。その時、担任は「君たちがジュンソクを非難し、攻撃することは卑怯で、下劣な行為だ。教師が間違っているからと言って、君たちが同じようにふるまえば、世の中はもっと悪くなる。クラスメートを残酷に切りすて、匿名で非難するのはジュンソクがやったことと同じ行為だ。世の中が変わることを望むなら、自分から変わらないと駄目だ」と訴える。無力な担任として、この言葉が精いっぱいの良心の叫びだったのかもしれない。

思春期の子どもに一番大きな影響を与えうる親の問題もある。この作品では、ソンホに暴力をふるった四人の加害者の親たちを、ただただ自分の子さえ守れば良いという俗物として描いている。

事故の直後、加害者の親たちは「ソンホの父親は浮気し、母親は怒ってばかりで、子どもがおかしくなった」という、根も葉もない噂話に興じながら、イジメの事実をひたすら隠し、他人の子どものせいにしようとする。

加害生徒に話を訊こうとするイナに、加害生徒の親たちは「子どもに変なことを吹きこまないで」と傷に塩を塗りこむような暴言を平気で投げつける。謝罪もせず、被害者家族を傷つけても自分の子どもさえ良ければ良いという利己的で下劣な人間たちとして描かれるが、思い当たる節のある親も少なくないのではないだろうか。

とくに、ウンジュがやった偽装工作はその最たる愚行で、事を大きくし、取り返しのつかない深刻な結果を招いた最大の要因だった。歪んだ「母性愛」が結局は、息子までも地獄に追いやることになってしまった。

ウソにウソを重ねても、いつかそのウソはバレるものだ。隠したいことが多い人間ほど、正直に見せるために必死に取り繕うからだ。彼女がウソを隠すためにソンホを見舞いに行き、イナに謝罪するシーンが繰り返されるが、そのたびに彼女は窮地の泥沼にはまっていく。

警察での最後の事情聴取でも、すべてを認めながら「靴の紐を結んだのは自分ではない」という最後のウソをつく。

しかし、警備員の殺害を教唆したのが夫だと分かると、やっと心から悔い改め、「私はあなたの命令どおり動く人形じゃない。今までは、あなたの言うとおり上品で、優雅な奥様を演じてきたが、もう嫌だ。ずっと前から私は囚われの身で、この家は監獄だった」と言いながら、離婚を切りだす。遅すぎる改心だったが、最後に夫の金庫から証拠を取りだし、警察に届けることによって罪滅ぼしをする。自分で蒔いた種を自分で刈りとったのである。

しかし、最大の犯罪者のジンピョは、刑務所に入ってからも改心しない極悪人である。財団の代表であり、学校の理事長であることを笠に着て、学校のイジメ調査を攪乱させ、ソンホの転落事件を最初から隠蔽し、妻や息子を意図的にコントロールしていた。

事件に興味をもち、追跡する記者が以前、財閥の不正を暴こうとしたので、「婦女暴行罪」という濡れ衣を記者に着せたのもジンピョである（裁判で無罪になるが）。にもかかわらず、本人が女子中学生をレイプしていた性暴行犯だったのだ。しかも、ダヒに「秘密をばらしたら殺す」と脅していたため、ダヒは正直に真相を明かすことができなかった。この結末は、権力者の醜い正体をより衝撃的に、そしてより嘲笑的に描いたものである。悪事を働く本当の悪人の本性は変わらない。

親の背中を見て子は育つと言う。ジュンソクはどんな悪事を働いても、権力をもっている親が何とかしてくれると思いこんで、育った子どもだ。学校での子どもの問題は、実は教師や親という大人の問題でもあるのだ。

ムジンの「優しさこそ真の強さだ。完璧な人間はいない。誰でも間違うことはある。大事なのは、間違った行為をした後、心から謝り、反省することだ。立派な大人になるために努力することだ」という言葉をもう一度嚙みしめたいものだ。

ウンジュは息子を連れて地方に引っ越す。ソンホは回復して、学校に再び通いだす。この描き方には、私は少々不満を覚える。まず、イジメの首謀者であったジュンソクも、自殺偽装工作を行なったウンジュも罪に問われないまま、新しい出発をするのは、二人とも悪魔のようなジンピョの悪行による一種の「被害者」であり、未成年が人生をやり直すための救いを描きたかったのだろうが、これで良いのだろうかという疑問である。

もう一つは、ソンホが回復するという点だ。作品の中では何度も「奇跡だ」という表現が使われるが、私の所見から言うと、あの高さの校舎から落ちれば、まず一〇〇％即死する。それを、片脚を引きずりながらも、学校に通えるまで回復するという設定は、あまりに理想的な結末ではなかろうか。

これらの不自然な結末であっても、このドラマは一抹の希望を私たちに与えてくれる。原題は『美しい世界』だが、全体的に描かれているのは人間の醜さであり、けっして美しさではない。にもかかわらず、何故『美しい世界』なのか。最後まで観て、これは今の世の中を絶望するのではなく、人間は最後まで希望を捨てずに生きるべきだという制作者の切実で強いメッセージなのだと、私は気づいた。人間をあくまで信じたいという願いがこめられたメッセージ。隠蔽されたウソは必ず暴露されると信じる心。それは、限りなく美しいのである。

この作品の脚本はキム・ジウ、演出はパク・チャンホンだが、この二人は『復活』（二〇〇五年、二四話）、『魔王』（二〇〇七年、二〇話）、『サメ　愛の黙示録』（二〇一三年、二〇話）の三部作を一緒に作ったヒットメーカーコンビである。

この作品でふたたびタッグを組んだが、ヒットメーカーの名に恥じない名作となった。囁くように終始流れるＯＳＴ（オリジナル・サウンド・トラックの略。日本では「劇中歌」や「サントラ」と呼ばれるが、韓ドラでは登場人物の心情や情景を伝える役割を果たしている）も素晴らしい。

ウンジュが夫の金庫から見つけてイナに渡し、ソンホの日記帳だと思っていたのは、実はソンホが好きな詩を書き留めたノートだった。最後のシーンで詩人・鄭浩承《チョン・ホスン》の詩を朗読するソンホの声が、新しい出発をするためにウンジュとジュンソクが地方に引っ越しする姿と、学校にふたたび通い始めるソンホの姿を背景にして、静かに流れる。

私は二〇二三年一二月に上梓した『評伝　金芝河とは何者だったのか――韓国現代詩に見る生』（コールサック社刊）で、韓国の民衆詩人一一人の作品を翻訳し、解説したが、鄭浩承はその最初に紹介した詩人である。何故なら、鄭浩承は「悲しみの詩人」として韓国でも日本でも人気のある詩人だが、私も大好きな詩人だからである。何があっても絶望せず、むしろ希望を紡ぎだすことを心に誓いながら、その詩を紹介してこの項を終わることにする。

希望を紡ぎだす人になれ

鄭浩承

この世界のすべての人が　眠りにつき
暗闇の中で　夢さえも寝静まった時
独りでも夜に怯えず
星を見て歩む人になれ

希望を紡ぎだす人になれ

冬の夜は長く　しんしんと雪が降る
行くあてのない　雪降る夜も
仕事を終えた　作業場の付近の
ロウソクさえも消えてゆく　暗い部屋で

悲しみを愛する人になれ
希望を紡ぎだす人になれ

絶望のない　この絶望の世界
悲しみのない　この悲しみの世界
愛をわかちあえば　春の雪が降る
雪に降られながらも　待ち焦がれ
望んでいた者に　出会えたら
喜んで抱きしめあって　笑ってごらん
頬をよせあって　泣いてごらん
星を見て歩む人になり　希望を紡ぎだす人になる
春の雪が降る　麦畑を歩く者には
みな駆けより
胸いっぱいの夢を受けとれ
夢を抱け

8

『ウ・ヨンウ弁護士は天才肌』

偏見に負けず達成感を得る自閉症の弁護士

『ウ・ヨンウ弁護士は天才肌』作品情報

原題　『おかしな弁護士ウ・ヨンウ』
制作　ENA
脚本　ムン・ジウォン
演出　ユ・インシク
放送　ENA チャンネル
話数　16 話
放送年　2022 年

〈主な出演者〉
パク・ウンビン
カン・テオ
カン・ギヨン
チョン・ベス
ペク・ジウォン
ハ・ユンギョン
チュ・ジョンヒョク
チン・ギヨン
チュ・ヒョニョン
チェ・テフン
カン・エシム
ユン・ユソン
チョン・ソギョン
イ・ギヨン
チョン・ギュヌ
イム・ソンジェ
イ・ボンリョン
イ・ユンジ
キム・ジェボン

ウ・ヨンウは五歳まで言葉を話さなかったが、ある日、突然喋り始める。それは、法科大学を卒業した父親が持っていた、法律書に書いてある難解な法律文章だった。ヨンウは自閉症スペクトラムだったのだ。

自閉症の中には、その障碍とは対照的にある特定の分野で天才的な能力を発揮するサヴァン症候群があるが、その事実はアメリカ映画『レインマン』（一九八八年、バリー・レヴィンソン監督）でその役を演じたダスティン・ホフマンの、一瞬にして計算する驚くべき能力を観て、広く人びとに認知されることになった。

ヨンウもサヴァン症候群の一種だと思われるが、ドラマの中では自閉症スペクトラムとしか明かされていない。自閉症スペクトラムとは「『臨機応変な人間関係が苦手で、自分の関心・やり方・ペースの維持を最優先させたいという本能的志向が強いこと』を特徴とする発達障碍」（浜松医科大学の山本英典教授）だと言う。人口の一〜二％に存在するという統計が出ている。

ヨンウは自己紹介する時に「そのまま読んでも逆から読んでもウ・ヨンウ。キツツキ、トマト、スイス、子猫、南（原語ではもちろん違う単語）」と繰り返し、食事は食材が分かり、予想外の味に驚くことがないキムパプ（海苔巻き）しか食べられない。

物がきっちりと置かれていないと不安になり、他の部屋に入る時には大きな衝撃を受けるため、三つ数えて深呼吸し、衝撃を緩和してからでないと入れない。

大きな音に敏感で、衝撃的な場面に出くわすと、すぐにパニックになってしまう。だから、外に出かける時は必ず、ヘッドフォンをつける。

父親とも長くは手をつなぐことができない。歩き方も変わっているし、服装のセンスはダサい。

人の話をオウム返しする癖や、興味があるのはクジラとイルカだけで、そのあまりに専門的な話を始めると止まらない癖もある。

天才的な記憶力で成績はいつもトップだったが、学校では「のろま」とあだ名で呼ばれ、イジメられていた。父親が地方の学校だったらイジメられないかもしれないと思って転校させるが、事態は変わらない。いつものようにイジメられていた時、「サイコ」とあだ名されていたプチ不良のトン・グラミが助けてくれたことから、二人は唯一無二の親友になる。以来、ヨンウはグラミの「アドバイス」には従順で、忠実に実行する。

大学のロースクールを首席で卒業、司法試験でも最高点を獲得し、「初めての自閉症弁護士の誕生」と新聞にも紹介されたヨンウだったが、どこの弁護士事務所も雇ってくれなかった。

そんな時、大手弁護士事務所のハンパダが採用してくれることになった。初めて社会人としてスタートを切ったが、初出勤の際、ヨンウは回転ドアを入ることができない。何度試みても失敗する。それを目撃したハンパダの法律事務スタッフ、ジュノが助け船を出し、タップを踏みながらタイミングをはかって、ヨンウは無事に通過できる。

しかし、ヨンウに初めて会ったシニア弁護士のミョンソクは一目見て、ヨンウがおかしいと気づき、代表に「暗記力が良いだけでは、依頼人の相談にのり、裁判に立つ弁護士にはなれない。社会性や話術が必要だ」と採用に反対するが、代表に説得され、仕方なくまず簡単な裁判を任せてみることにする。

その事件とは、老いた夫を妻がアイロンで殴って傷つけたというもの。妻もその事実を認めていたので、「執行猶予を受ければ良い」とだけ考えていたミョンソクだが、高齢の被告が一人残されて老後を暮らしていくことを憂慮したヨンウは、「殺そうとした相手の財産は相続できない」という民法の条文を思いだし、「絶対に無罪にしなければならない」と主張する。

裁判途中で夫が死亡したために、傷害罪が殺人罪になったものの、ヨンウはひらめく。ひらめくと、風が吹き、目がキラキラと輝き、クジラが跳ねる映像が見える。

ヨンウは解剖鑑定書から脳出血はアイロンによる殴打ではなく、もともとの持病が悪化した結果だと主張し、裁判官も「非外傷性の可能性」を認め、傷害罪による執行猶予を勝ちとる。

この結果を見て、ミョンソクは自分の考えが偏見だったことに気づく。普通の人と少し違うだけで、ヨンウが有能な弁護士になれる可能性をもっていると認めたのだった。

しかし、三回目の裁判でヨンウは挫折する。その事件とは、自閉症の弟が成績優秀な兄を殺害したというもの。同じ自閉症だから、容疑者を理解できるかもしれないと考えたミョンソクの判断で、ヨンウも裁判に加わったのだった。

弟の知能は六歳レベルで、事件の顚末を説明できない。SNSでは「怖い」「隔離しろ」「優秀な兄が死んだのは国家的損失」「自閉症は殺人免許」「大目に見るな」などと、弟を非難する声が溢れる。

しかし、ヨンウは証拠を見つけだし、勉強に行き詰まって首吊り自殺を図った兄を、弟が助けようとしてイスから落ちた結果、死亡したことを証明するが、長男が自殺するはずがないと信じる両親は、ヨンウを裁判から除外するように求める。

これに大きなショックを受け、自信を失ったヨンウは、ミョンソクに辞表を提出して、家にこもる。自閉症と言っても重症から軽症まで症状は様々で、同じレベルで論じることができないことを認知していなかったミョンソクが自ら招いた失敗だった。

ここでドラマは、オーストリアの小児科医ハンス・アスペルガー（一九〇六〜八〇年）について触れる。彼は自閉症（当時はまだこのような概念はなかったが）について、初めて肯定的な面を見た医者だった。

天才的な自閉症児を「小さな教授たち」と呼んでいた彼は、「正常でないからと言って、劣っているわけではない。独創的な思考と経験で、驚くべき成果を上げうる」と言ったが、後にナチスの協力者になり、「生きる意味のない子」を選別していた。

ナチスは「生きる価値がない人間とは、障碍者、不治の病の患者、精神病患者など」だと規定し、強制的に避妊手術をしたり、殺害して処分した。

ドイツ映画『ある画家の数奇な運命』（二〇一八年、フロリアン・ヘンケル・フォン・ドナースマルク監督）でも、その苛酷な実態が描かれていた。いわゆる「優生思想」だが、これをナチスだけの異常で、狂気に満ちた思想だと言えるだろうか。「正常な人間」にも少なからず、そのような考えがあるのではないか。一九四八年、日本の国会が与野党全会一致で立法し、施行した「優生保護法」はその一種ではなかったのか。

二〇一六年に相模原市の知的障碍者施設で、元施設職員が一九人の入所者を殺害した痛ましい事件は、まだ記憶に新しい。犯人は「障害者は不幸しか作らない」と供述したと言う。

ヨンウは自分が「被告人の力になれる弁護士にはなれない」と思ったから、これが差別だと分かっていても、弁護士を辞めようと思ったのではないだろうか。

ヨンウは「自閉症の人は騙されやすく、ウソをつけない。『他者と自分がいる世界』ではなく、

『自分だけの世界』にしか慣れていないから。他人がウソをついていることは頭で分かっていても、すぐに忘れる」という「弁護士としての欠陥」をもつ自分が、弁護士を続けることは不可能だと思ったのだろう。

キムパプ屋をしている父を手伝っていたそんなある日、グラミの父親が詐欺事件に遭う。親の残した土地が売れて大金を手にした三兄弟だったが、三男のグラミの父親は狡猾な二人の兄に騙されて、少なく相続させられた上に、莫大な相続税まで一人で払うことに。

裁判になるが、兄たちは証拠を隠蔽しようとする。グラミの頼みで弁護を担当したヨンウはまたひらめき、兄たちがグラミの父親に暴力を振るうように仕向け、怪我を負わせることで、「贈与契約」を解除させる。この件で自信を取り戻したヨンウは復職する。

ヨンウは抜群の記憶力と天才的な発想力、ひらめきで、事件を次々と解決していくが、同じ新人弁護士のミヌは、ヨンウにライバル心や嫌悪感、嫉妬心まで抱いていた。ミヌは事あるごとに「ウ・ヨンウが弱者だというのは錯覚だ。何で、いつもこっちが譲歩しなくてはならないのか」などと文句を言っていた。

そんな彼が、ヨンウの父親とハンパダの代表が大学の同期であることを知り、ネットに匿名で「ウ・ヨンウは不正採用」だと騒ぎたてる。

また、ハンパダのライバルである大手法律事務所テサンの代表スミが、ヨンウの母親だと嗅ぎつけ、「隠し子の正体をばらす」とスミを脅す。法務部長官の候補になっていたスミは、国会の聴聞会が近づいていたため「ヨンウを辞めさせれば、あなたをテサンで雇う」とミヌと密かに取り引きをする。

実は、ヨンウの父親は大学時代、スミと付きあっていた。その過程でスミは妊娠したが、二人の境遇があまりに違っていたため、スミは子どもを産むことを拒否する。父親は子どもだけ産んでくれたら、目の前から消えると約束して、生まれたばかりのヨンウを引きとり、男手ひとつで育てたのであった。ハンパダの代表もその事実を知っており、またスミを法務部長官にしたくないために、その一つの手段としてヨンウを採用したのだった。

ある村を真っ二つに縦断する道路を建設する問題で、住民がこれに反対する訴訟が発生する。ハンパダが住民側の弁護人になり、訴えられた市側をテサンが弁護することになる。テサンは住民に「補償金を二倍出す」などと言って懐柔し、テサンに有利に裁判は進む。

父親からスミが実母だと聞かされたヨンウは驚くが、「おまえの実母のように、この世界はすべて政治的だ」という父親の言葉に、またヨンウはひらめく。村の真ん中にある丘の上に生えている木が天然記念物の神木であると市に認めさせ、逆転勝訴する。

ヨンウは一緒にランチを食べながら、クジラやイルカの話を聞いてくれるジュノのことが気になり始めていた。ジュノも、正義感が強く、依頼主のために真っすぐに問題とぶつかり、解決していくヨンウに惹かれ始めていた。

ジュノは大学時代、障碍者支援団体のボランティア活動をやっていたほどの、心優しい男性だったが、友人たちは一緒に歩いているヨンウをひと目見ただけで「ボランティア、またやってるの?」と不躾な質問をしたり、「可哀想と思って付きあうのは愛ではなく、憐憫だ」と暴言を吐く。ジュノはこの言葉が許せず、殴りあいの喧嘩になる。

それでも二人は指の先を触れさせることから始まって、試験的に手を握ってみたり、ただ送り迎えをしながら、前歯が当たるぎこちないキスをする間柄にはなるが、ヨンウは「付きあう」ということが理解できない。

ジュノの抗議を受けてやっと付きあうようにはなるが、デートは水族館の前で「イルカ虐待反対」のプラカードを掲げたり、漢江《ハンガン》の河辺のゴミを拾うことだったりした。

忍耐強くヨンウに合わせていたジュノだったが、姉にヨンウを会わせたところ、姉に「ああいう女性を親に紹介できるの？　あんたが世話する人じゃなくて、世話してもらう人を連れて来なさい」と言われる。それを立ち聞きして傷ついたヨンウは、突然ジュノに「付きあうのをやめよう」と言う。

その頃、担当した裁判が、障碍者に対する準強制性交事件だった。知的障碍者の女性は性悪な男とセックスをする。彼女は男を愛しており、刑務所に送りたくないのが本心だったが、過保護な母親に気を遣って、正直に自分の気持ちを証言できない。

神経科医は「知的障碍者の場合、相手の不純な動機を純粋な愛情と勘違いしやすい。正常な関係かどうか判断できないから、自己決定権があったとは言えない」と証言する。

結局、この裁判は敗訴するが、負けたことよりもヨンウにとってショックだったのは、この精神科医の証言だったのかもしれない。

外資に買収された保険会社の人事部長は、社内結婚をした夫婦の妻の方に「人員整理でどちらかに辞めてもらわなければならないが、妻が夫のキャリアを邪魔したら、夫の家族から何と言われるか分かるでしょう。こんな時こそ内助の功を示さなければ」、と退職を強要する。

しかし、保険会社の弁護を引き受けたハンパダに対して、退職要求された妻たちが依頼した女性人権弁護士は「これは女性差別、性差別的なリストラだ」と雄弁に反論する。

ヨンウは保険会社にハンパダがリストラの手口を事前に教えていたことを知り、悩みをミョンソクに相談する。ミョンソクは「世の中をよくするために弁護士がいるわけではない。判断は判事にまかせれば良い。われわれは、依頼人の利益のために働く弁護士だ」と答える。
結局、裁判はハンパダの勝訴で終わるが、人権弁護士はヨンウを食事会に招待し、「まだ控訴審があるから、私たちは闘い続ける」と言って笑う。

ヨンウに弁護士という仕事に対する疑問が湧く。大手法律事務所は弁護費用が高いので、金銭的に余裕のある会社や個人しか依頼してこないが、それが正義でなかった場合も依頼人の利益を優先すべきなのか。依頼人を弁護するのが弁護士の仕事だが、弁護士も人間であり、自分にウソはつけない。本当に信頼に値する依頼人のために尽力するのが、真の弁護士の姿ではないのか。ヨンウは悩みながら、成長していく。

ある日、大手ネット通販会社のパソコンがハッカーにフィッシングされ、個人情報流出で多額の罰金と、「被害者」による集団訴訟が起こされる。通販会社から弁護を依頼されたハンパダは窮地に陥る。しかし、またヨンウの驚異的な記憶力で、ハッキングされたのが改正法の施行前だったことが明らかになり、多額の罰金は免れる。
問題は個人情報流出だが、実は高校一年生のスミの息子サンヒョンがハッカーだった。彼は会社の共同代表の一人と仲が良く、ソフト開発やセキュリティーに無関心なもう一人の代表を懲らしめるためにという言葉を信じてハッキングしたのだが、その代表が法廷で自殺を図るなどしたので、事の重大性に気づき、スミに真相を正直に告白する。スミは自分のために黙っていてくれと息子に頼む。

だが、納得できないサンヒョンはヨンウの事務所を訪ね、すべてを告白した姿を記録したUSBメモリーを渡す。父親は違うが、サンヒョンはキムパプが好きなところとかがヨンウと似ていた。ヨンウが「何故、私の所に来たの？」と訊くと、サンヒョンは「姉さんは他の人と違うから」と答える。

ヨンウはまた悩む。真実を明らかにして、社会正義を実現するか。それとも依頼人の利益を優先させるべきか。弁護士である以上、依頼人の自作自演とは明かせないからだ。これは弁護士につねにつきまとうジレンマだとも言える。しかし、ヨンウは決断する。「弁護士は真実を隠蔽してはならない。公益上の十分な理由があれば、依頼人の秘匿権益を守る必要はない」、と。

そして、またひらめく。「通販会社は企業であり、依頼人は個人であって、法人の利益とこの事件の真実はぶつからない。ハンパダは法人の代理人であり、個人情報流出による被害はまだ起きていない」、と弁論を展開する。

ヨンウはサンヒョンを証人として呼ぼうとするが、スミが先に手を回して彼をアメリカに送ろうとする。

それを知ったヨンウは聴聞会を直前に控えたスミを訪ね、「私はイルカの群れに迷いこんだイッカクに似ている。私はみんなと違うから、なかなか溶けこめないし、嫌われることも多い。でも平気。これが私の人生だから。私の人生はおかしくて、風変わりだけど、価値があり、美しい。サンヒョンに自分の過ちを証言させてください。自分の利益のために、お母さんを良い人だと信じる息子を裏切らないでください」と訴える。

スミは土壇場で考えを翻して法務部長官候補を辞退し、息子が証言台に立つことを許す。こうして裁判は勝訴し、事件は解決した。

さて、最後に残ったのがヨンウとジュノの恋愛問題である。

ジュノはヨンウに怒りをぶつける。「僕の思いはネコに対する片思いのようなものだ。ネコは飼い主を悲しませるけど、その分、飼い主を幸せにしてくれる」と言うジュノに、ヨンウは「その言い方は不適切です。何故なら、ネコも飼い主を愛しているから」と答える。

こうして二人は交際を再開させる。ぎこちないが、互いを温かく見守る恋愛を。

私はこの素朴な恋愛を観ながら、映画『オアシス』(二〇〇二年、イ・チャンドン監督・脚本)を思いだしていた。社会に馴染めない男性と、脳性麻痺で体が不自由になった女性の純愛を描いた作品だが、障碍のある女性を演じたムン・ソリの凄まじい演技に圧倒されながらも、周囲に理解されないこの二人の行く末を心配したものだ。しかし、ドラマ『ウ・ヨンウ弁護士は天才肌』は、障碍者の恋愛問題にも果敢に挑戦し、そこに一条の光を提示しているのである。

こうして成長したヨンウは、ハンパダに正社員として雇用される。その初出勤の朝、ヨンウは父親とこんな会話を交わす。

「私に新しい感情が追加された」「喜び?」「ううん」「誇らしい?」「ううん……達成感です」と答えを見つけて、目をキラキラさせながらヨンウは意気揚々と出かけていく。

この作品は、自閉症スペクトラムの女性が失敗や成功を経験しながら徐々に学び、一般社会に順応しながら、難しい弁護士という職業や、他人や異性との付きあいを成しとげていく過程を、担当した裁判と連動させて描いた傑作ドラマである。

難解な法律用語が飛び交い、精巧に展開されるストーリーは、よほど脚本が良くできていないと破綻するものだ。

この作品の脚本家ムン・ジウォンは、映画『無垢なる証人』（二〇一九年、イ・ハン監督）の脚本も書いている。この映画も、殺人事件の唯一の目撃者である自閉症の少女から証言を得るために、少女と少しずつ心を通わせる弁護士の姿を描いている。自閉症スペクトラムの問題に関心が深く、また法律の知識に精通した脚本家のようだが、このドラマはウ・ヨンウという素晴らしく個性的なキャラクターを生みだしたために、大きな成功を収めている。

原題は『おかしな弁護士ウ・ヨンウ』だが、邦題の方がぴったりくる。まさに彼女は天才肌なのだ。どんな難問でも真摯に向き合い、答えを探しだす。その時、彼女の顔には爽やかな風が吹きつけ、目はキラキラと輝き、クジラやイルカが飛び跳ね、巨体を揺るがして泳ぐ姿が見えるのだ。

親友グラミと会う時は、独特の仕草の挨拶を交わす。恋人ジュノには正直に自分の気持ちを語る。素直で正直で真っすぐな彼女は、その障碍も含めて、とても魅力的だ。このような愛すべきキャラクターを創造したことに、拍手を送りたい。

法律とは、不完全な人間が作ったルールにすぎない。ゆえに不完全であり、時代の変遷に追いつけない部分がどうしても出てくる。

しかし、弁護士はその法律を遵守し、依頼人の利益を最優先に考えて、法廷で闘わなければならない。依頼人の守秘義務もある。依頼人が不正義でも、裁判に勝たなくてはならないという義務がある。それが良心と対峙する場合、どうするかはつねに弁護士に突きつけられたジレンマであろう。その難しい問題を、この作品は真正面から提起している。

この作品では難解な法律用語や知識が何度も出てくるが、視聴するうえでそれはあまり気にする必要はない。それが気にならないほど、ストーリーはナゾ解きのような興味深い展開をしながら、観る者をいつの間にか物語に引きこむからだ。

脚本家や演出家をはじめとするスタッフの努力と力量に感嘆するが、何よりもこの難しいウ・ヨンウ役を見事に演じたパク・ウンビンの熱演がこの傑作を生みだした一番大きな要因だと思う。

子役からスタートした多くの俳優の中で、六歳から演技を始めながら今日まで人気を維持し、今もっとも輝いて活躍しているのはパク・ウンビンではなかろうか。

変わり者だが熱血漢の女性判事と、冷血エリート判事の正反対の二人が協力しながら、正しい判決を下していく法廷ラブ・コメディー『法廷プリンス　イ判サ判』(二〇一七年、一六話)では、破天荒だが正義感の強い判事を好演した。

双子として生まれたが、女児という理由だけで殺される運命にあった子が、世孫《セソン》（世子の子ども）である兄が死んでしまったことで男装して後継ぎになり、様々な騒ぎを起こして繰り広げられる宮廷ロマンス『恋慕』（二〇二一年、二〇話）では、男性に扮した美しい世子が官吏と恋に落ちる、これも難しい役どころを見事に演じて話題を呼んだ。

離島に住む歌の好きな女の子がオーディションを受けるために、家庭内暴力をふるう父親から逃れて家出するが、海に落ちて無人島に辿り着き、そこで一五年間も生きのび、ファンである歌手のマネージャーとなって、ふたたび歌手を目指して成功する姿を感動的に描いた『無人島のディーバ』（二〇二三年、一二話、「ディーバ」とはイタリア語で、オペラの主役を務める歌姫を意味する）では、歌を何か月も練習し、ドラマの中で素晴らしい歌声を披露して、俳優としてだけでなく歌手としても認められた。

主人公が何年も経つ無人島生活に絶望し、死のうと思って海に飛びこむが、その時に賞味期限切れのインスタントラーメンが一つ入ったクーラーボックスを見つけて、ふたたび生きることを決意するシーンが一番印象に残った、素晴らしいドラマだった。

そして、ケーブルテレビながら一七・五％の驚異的な視聴率を達成して大きな話題になった『ウ・ヨンウ弁護士は天才肌』では、その演技が認められ、第五九回百想芸術大賞を個人で受ける快挙を成し遂げた。あまりの人気にシーズン2が視聴者から熱烈に求められ、遠からず放送されるかもしれない。また、あの個性的で魅力に溢れるキャラクター、ウ・ヨンウ弁護士を観られるのが、今からとても楽しみである。

ただ追記すれば、当然のことながら自閉症スペクトラムの子どもがすべて天才的な才能を持っているわけではない。ほとんどの当事者や親が、深刻な障碍に苦しんでいる。そのことは忘れてはならないと思う。

9

『その恋、断固お断りします』

力の強い自立した女性の恋愛の行方とは

『その恋、断固お断りします』作品情報

原題　『恋愛大戦』
制作　Binge　Works
脚本　チェ・スヨン
演出　キム・ジョングォン
配信　ネットフリックス
話数　10話
制作・配信年　2023年

〈主な出演者〉
キム・オクピン
ユ・テオ
キム・ジフン
コ・ウォン
イ・ジュビン
キム・ソンリョン
キム・イェリョン
チョン・ギュス

この作品は、大人のドラマである。たった一〇話で、大人の大問題をここまで凝縮して、見事に描ききった制作者たちの手腕に驚き、感嘆した。痛快でもあった。

ミランは弁護士であるが、男性に不条理に負けることをもっとも嫌う女性で、正義のためなら男性に暴力を振るうことも厭わない。

最初のシーンから凄まじい。酩酊した男性から財布を盗もうとする男を通りすがりで見かけたミランは、その男をボコボコにしてしまう。

ドラマの中で「女性が男性に暴力を振るえば喜劇で、その逆はホラーだ」というセリフが出てくるが、ミランの暴行は十分にホラーだった。それほど激しい。頬っぺたを叩くとか、髪を引っ張るとかのレベルではないのだ。

それは小学生の頃、変態ジジイに悪戯をされそうになった時、父親が「女はか弱いから、とにかく逃げろ。いつも気をつけろ」と諭されていたが、その言葉に疑問をもち、俄然「燃えて」きて、あらゆる格闘技を少しずつ学んだ「成果」だった。変態ジジイを退治した「快感」が忘れられず、正義のためなら男を暴力で懲らしめ、喧嘩に勝つことを信念にしてきた、法律よりも拳が似合う女性である。

また、「男に対するデータ収集が趣味」で、多数の男性と性的な関係をもつ、世間の「常識」

からは大きくかけ離れた女性なのであった。

一方、ガンホは「メロ職人」と言われる人気俳優だが、実は初恋の相手が女優として売れ始めた一〇年前に彼女から突然別れを切りだされ、彼女のマネージャーからはストーカー扱いされたことで、極度の女性恐怖症になり、パニック障害で薬を服用していた。

女性とのスキンシップが極度のストレスになっており、ドラマ撮影中に女優とキスする演技をするだけで、吐き気を催すほどだ。それで、撮影現場でパワハラをする女優をそのたびに注意しては、多くの女優と険悪な関係になっていた。

ある日、とんでもないワガママ女優に腹を立てたガンホは、「金持ちの男目当てに仕事をするな。一番高く買ってくれる男に自分を売りつけるつもりなんだろ。それが、すべての女のロマンなんだからな」と事務所の代表に怒りをぶちまけていたところを、ちょうどミランに聞かれてしまう。事情を知らないミランは、こみあげる怒りを抑えるが、ガンホに対する印象は最悪のものになった。

ミランは理不尽なことばかり言う亭主関白の父親に、これまで出してもらった大学の授業料や養育費を全部返し、家を出て独立すると宣言して、キャビンアテンダントをしている友人のナウンと一緒に暮らすようになるが、マンションのローン返済のためにエンターテインメント専門の法律事務所の面接を受けることになる。その時、事務所の大切なクライアントであるガンホが芸能事務所の代表ウォンジュンとともにやって来るが、ミランはあの時の「暴言」を思いだして、思わず足でガンホをひっかけて倒してしまう。

面接で採用されるが、それは離婚問題を抱えていた大女優が女性弁護士を必要としていたからだった。実力ではなく、女性ということで採用されたことを後になって知ったミランは、「逆差別は初めてだ」と憤慨する。ミランは性別で優遇されるのは、男であれ、女であれ、許せない考えの持ち主だったのである。

常日頃、メロ・ドラマではなくアクション物をやりたいと願っていたガンホは、アクション・ノワールの映画出演の話に喜ぶ。ヒロインは別れた初恋の相手になってしまったが、映画の魅力に負けてガンホは出演を決める。

しかし、武術監督から「アクションが型にはまりすぎる。チンピラみたいなアクションをしてくれ」と要求されて悩む。

ミランが喧嘩に強いことを偶然知ったガンホは、ミランに格闘技を教えてもらうことにする。格闘技には自信があったガンホだが、ミランの喧嘩殺法にはまったく歯が立たない。

失神までさせられる始末だったが、ミランに普通の女性にはない魅力を無意識の内に感じるようになる。ミランもガンホが女性を無闇に蔑視する男性ではなく、正直で誠実な男性だと知って、少し心を改める。

ガンホはミランの誕生日を当日に知って食事に誘うが、ミランが居酒屋で酒をただ呑むだけで、多くの女性のように豪華な食事やプレゼントなどを求めない女性だと知る。

そこでガンホは、女性に拒絶反応を示していた自分を確かめるために、ガンホのファンだとウソをついていたミランに「ファンサービスだ」と言ってハグをするが、発作が出ないので、勢いに乗って思わずキスまでしてしまう。

ワガママ女優にゲイだという噂を立てられて映画の話は中断になっていたが、芸能記者から二人が抱きあう場面を盗撮した写真を持ちこまれたウォンジュンは、ミランにガンホと「契約恋愛」をしてくれと頼む。ミランは驚くが、カネ目当てで承諾する。

こうして映画の撮影が始まったのだが、突然、スタントウーマンの妊娠が発覚したため、ガンホはスタントウーマンの代役をミランに頼む。すると、ミランは狂喜乱舞してOKする。ここから、ガンホは自分がミランを落とす側だと思い、ミランは私がガンホを弄んでやると思い、二人の熾烈な恋の駆け引きが始まる。

ミランが撮影現場でスタッフと「ミシェル・ヨー（一九六二年〜。香港やハリウッドで活躍する中国系マレーシア人のアクション女優）のアクションが最高」などと言って盛りあがっていた姿を見て、ミランには二人の関係を秘密にしてくれと頼んでいたくせに、嫉妬心を覚えたガンホは、突然みんなに「ミランが僕の彼女だ」と明かしてしまう。すると、スタッフのミランに対する態度が豹変する。ミランはそんなガンホを見て、初めて男性に「恋心」を抱く。これまで関係をもった男性は、ただの「研究対象」にすぎなかったのだ。

ある日の撮影で、アクションシーンを撮影していたガンホを支えるロープを引っ張っていたスタッフが、エスカレーターを踏み外しそうになる。それを逸早く察知したミランは駆けつけて、彼を無事に支えた後、自分が下に落ちて肩を怪我してしまう。

傷口を縫った後、ホテルが満室だったので、仕方なくガンホの部屋で休むことに。

ミランが眠ったと思いこんだガンホは、背中越しに「君のような女性は初めて見た。今まで見た女性は自分の得しか考えず、結婚や再婚で人生の逆転を狙う女ばかりで、後先考えずに損などしない。いったい僕に何をしたんだ。君が好きだ」と告白する。

実はミランは起きていて、すべてを聞いていた。ミランは思う。「私だって恋愛はする。恋愛ホルモンの影響で、三か月、長くて三年だな。三年？　いや、それは、ないな。口説いて、捨てる作戦は大成功ね」、と。男性経験の多いミランだが、実はこれが初恋だった。

大女優の計らいでミランの家族が食事している場所に赴いたガンホは、「ミランを尊敬し、たくさん学んでいる。正義感があって、勇敢で、良いことをしても、大したことがないように振る舞う。今まで会ってきた女性の中で、一番カッコイイ女性です」と正直に言う。

そして、二人きりになった場所で、ガンホはミランに「僕が知る女性はあざとくて、自分勝手で、計算高かったが、君は裏表がなく、無鉄砲だ。女性の一番の魅力は新鮮なところだけど、君は新鮮すぎる。本気で君を尊敬している」と告白する。

ミランは「契約恋愛」を解消するために、代表に契約金を無理やり返す。

二人が互いを恋愛対象として見始めた時、「暴露TV」という番組が、ミランのことを「衝撃の私生活。多数の男性とワンナイトする尻軽女」だと暴露する。この番組がSNSで拡散されるや、二人に対する風当たりは強くなっていく。

記者に囲まれたミランは毅然として、「一人や二人の男性と会って（恋人を）決めるのは軽率。私は慎重だっただけ」と抗弁する。しかし、映画上映が延期されたり、CMを解約されたりしたガンホのことを思って、ミランはガンホに別れようと言う。

ところが、別れがたい二人は別れたフリをして、引き続き付きあっていた。しかし、それも暴露され、大騒ぎになる。

ガンホは記者会見を開いて、ファンに謝罪しながらも、ミランに公開プロポーズをするが、その場にミランが来て、「他人に何と言われようと私は平気だけど、彼が傷つくのは堪えられない。愛しているから、ここで終わりにしよう」と言う。

その後、弁護士事務所の同僚たちが作った証言を、元カレの弁護士が「暴露TV」で流す。「ミランが、結婚前に二股をかけて裏切った男に復讐してくれた」「恋愛上手を逆手にとり、暴力男や不倫男を夢中にさせて、やっつけてくれた。彼女は私にとって英雄だった」などという女性たちの証言だった。これで世論の流れは完全に変わり、二人の破局に反対する声が大きくなる。

それから月日が経ち、連絡を躊躇っていたミランはガンホに電話するが、ガンホの態度は素っ気ない。ガンホが「何が変わったんだ」と訊くと、ミランは「心が変わったことはない、状況が変わっただけ」と言う。ガンホは「今度また別れようと言ったら許さないからな」と言い、ミランは「絶対に言わないわよ」と答える。

こうして、延期されていた映画が公開され、上映後、イケメンにばかりに惚れて、そのたびに裏切られてきたため、極度の男性不信から男性に高い壁を作っていたナウンに、ずっと好意を抱いていたウォンジュンが公開プロポーズをする。

それを見たガンホはミランに「結婚しよう。子どもは二人くらいほしい」と言うが、ミランは「私は非婚主義者よ」とやんわり拒否するところでドラマは終わる。

次に、ドラマの中で出てきた名セリフを列挙してみよう。

「老人の男が若い女に手を出せば罪で、逆の場合はロマンスか」

「女性も軍隊に行くべきだ。男にも生理や生理休暇が必要」

「全女性を売春婦にするミソジニスト（女性や、女性らしさを嫌悪・憎悪する人）」

「男は女を性欲と所有の対象としか見ておらず、女性に対して優越感をもちたがる」

「強者に屈して、弱者の前では強がるのが男。いつも女を弱者扱いにする」

「男は信用できない」

「女はすぐに頭が痛いとか、生理休暇や産休を取るくせに、『差別』『不平等』と抗議する」

「女もいい加減で、愛嬌だけをふりまく。美人の方がもっと調子に乗る」

「気楽な女のフリをしながら、男を誘惑して利用する。大人の女はみんな嫌いだ」

「男は自分を捨てそうな女ほど大事にし、自分にすがる女は大事にしない」

「女にだけ結婚したら家庭と仕事のどっちを大事にするか訊く」

「夫が酒を呑んで遅くなっても許されるのに、妻が遅くなったら深刻な問題になる」

「喧嘩は悪い奴が勝つ」

「女が悪い男に惹かれるのは良い男の一貫性より、悪い男のギャップに弱いから」

「セックスをロマンスだと勘違いする男」

「女を落とす時は外見を褒める。外見を褒めるのは相手を見下している証拠」

「いつも女が危機に陥り、いざという時は男が駆けつけることにムカつく」

「良い人と、良い男は別物だ」

「階級闘争の方が簡単に見える。搾取が明らかだからだ。しかし、敵が『家族』なら、家父長制での『家族平和』が不平等だと気づく」

「男は『遊ぶ女』と『結婚する女』を区分して付きあう」

「男は共感力が乏しいから、酷い目にあわないと分からない」

「人目を気にして生きるのは、みっともない」

「非がある男は、自分から表ざたにしない」


以上、いくつかのセリフを挙げただけでも、男女間の問題は難しい。互いの違う立場があり、互いの言い分があるからだ。

昨今は「フェミニズム（女性解放思想）」だの、「ジェンダーレス（性別学的な性差を前提とした社会的、文化的区別をなくそうとする考え方）」だの、「多様性」という思想や運動が重視される時代になって、男女関係はさらに難しくなった。

男は「男性」、女は「女性」と呼ぶべきだとか、「キチガイ」とかの差別的言語は一切使わないようにしようとか、性差別的な搾取や抑圧を受けずに済む社会を実現しようとか、なかなか大変だ。しかし、どんな行動にも塩梅というものがあり、行き過ぎには注意しなければならない。過度の規制は、言論や表現の自由を抑制する危険性もあるからだ。

とくに最近は「性的マイノリティ（少数者）」の存在を広く認めようという流れが、世界的潮流になっているので、さらに繊細な注意が必要だ。ただ、人間関係という観点から見れば、男女関係も「性的マイノリティ」の関係も同じだと言える。ことほど左様に、他人とコミュニケーションを図り、共存する人間関係を維持することは難しいことなのである。

この作品を観て一番に思ったことは、男女関係を良好に保つことがいかに難しいか、ということである。男性は男性の役割や立場から、女性も女性の役割や立場から考え、発言し、行動する。男性に子どもを産めと言っても、これは不可能だが、育児や家事を一緒にやることは可能である。

また、女性の覚醒と自立が進み、社会の意識と価値観が変わったことによって、女性はほぼ男性と同じ分野に進出し、仕事をすることができ、管理職につく機会も増えている。まだまだ「ジェンダーレス社会」の理想には程遠いが、このドラマの主人公ミランのように、男をボコボコにやっつける腕力の強い女性が出てきても、不思議でもなんでもない。

私はミランを観ていて、男の立場ながら非常に痛快だった。何で女性だからいつもか弱く、男性に助けられる存在であらねばならないのか。また逆に、女性がか弱いことを悪用して、男性に辛い仕事を押しつけることが許されるのか。このような社会通念を打破する必要があるのだと思う。

とくに、韓国社会は長らく朝鮮王朝時代の昔から「男尊女卑」の儒教的価値観に縛られ、厳格な家父長制度の下で女性は「良妻賢母」でなければならないとの思いこみが男女共に刷りこまれてきた。

韓国の母親は家族のために自分を犠牲にして、一番早く起きて朝食を準備し、食事は家族が食べ残した残り物を食べ、一日中、苛酷な家事に追われて一番遅く寝るのが当たり前の存在だった。母親たちの手はいつも赤切れで痛々しく、時には夫の暴力にも黙って堪え、子どものワガママも寛容に許し、自分の意見を言える場はほとんどなかった。

つまり、母親たちは自己実現から一番離れた場所で、家族のために自己犠牲を強いられてきたのだ。このようなひと昔前の母親たちの、苦労する姿を見て育った娘たちが、恋愛はしても結婚・出産はしない大人の女性になっても何の不思議もない。

韓国の合計特殊出生率は一九七〇年代には四・〇台を上回っていたが、それから急速に下がり始め、八〇年代中半には二・〇台を切り、二〇二三年は〇・七二という衝撃的な統計結果となった。この数字は世界最低である。原因は住宅の高騰、熾烈な学歴社会で子育てにカネがかかるなどという面の他に、やはり韓国社会に女性差別が根強く残っていることが一つの要因になっているように思われる。

この作品は、男女のこれまで世間の「常識」だった関係性を逆転させたところに、真の面白さがあり、鋭い問題提起をしているのである。そのことによって、貶められてきた女性の地位や立場を向上させ、少なくとも男性と同じ地位と評価、そして何よりも尊敬を得られる平等社会の実現を期待して、制作されたドラマだと私は思う。

韓ドラでは、女性が強いというテーマの作品が最近、目だって増えている。

先祖代々、女性が怪力の家系に生まれた女子は自分のためにその能力を使うと怪力が消えてしまうので、その力を隠して生きてきた女性が、有名ソフトゲーム会社の社長のボディーガードになり、いつしか社長と愛しあうようになるドラマ『力の強い女　ト・ボンスン』(二〇一七年、一六話)。

このスピンオフ(ヒット作の続編)で、祖母、母親、主人公の三代にわたる怪力の持ち主の女性たちが、新たな麻薬の精製と密売を生業にする悪者を退治するために大活躍する『力の強い女　カン・ナムスン』(二〇二三年、一六話)。

この二作品は、最近の女性は自立し強くなっているが、さらに自立し強くならなければならないという制作者の切実な願いが込められたコメディ作品だ。

また、もう一つの問題提起は、芸能人のゴシップだけを追う興味本位の芸能マスコミ（マスゴミと言うべきか）や、その不確かな「情報」をいとも簡単に信じこみ、スマホで芸能人のプライバシーを許可もなく写真に撮り、ＳＮＳで無責任（匿名）に拡散し、噂話に花を咲かせる愚鈍な大衆に対する痛烈な皮肉と批判を試みている点である。

何故、主人公の二人は別れたり、付きあったりを繰り返したのか。それは「世間」という目のせいである。その目を、この作品は厳しく揶揄している。

ゴシップが暴露されれば、ＣＭや番組から降板させるなどの企業の対応も然りである。企業イメージが貶められたという「契約違反」がその理由だが、確認されてもいない「情報」が拡散した途端に、契約解除したり、出演番組から降板させたりする方こそ契約違反ではないのか。もっと大人の対応を冷静にすべきなのだ。

私は芸能人のゴシップ記事などまったく興味がないが、世の中のほとんどの人は興味津々のようだ。犯罪性が疑われる場合は別だが、人間なのだから私生活でいろいろ複雑な事情は、有名人であろうと誰であろうと皆が抱えている。それを「他人の不幸は蜜の味」のように面白がる風潮は、そろそろ終わりにしたらどうだろうか。

私が興味をもつのは、「死亡記事」である。死ねば、ほぼその人物の評価が定着するからだ。「死亡記事」は、その人の最期を意味している公共的で確かな情報である。欧米の地方新聞などでは、一般人の死亡欄が充実していると言うが、これは見習うべきことではないだろうか。


最後にヒロインを演じたキム・オクピン、相手役を務めたユ・テオ、芸能事務所の代表役のキム・ジフンの演技が、とても素晴らしかったことに言及しておきたい。

ミラン役は、けっして演技しやすい役どころではない。男に暴力を振るい、いろんな男とセックスをし、危険なスタントをこなし、そして初恋をする女性を演じることは、相当難しかったはずだが、キム・オクピンは実に楽しそうに演じている。この役がはまり役と言っても良い。

またユ・テオとキム・ジフンは同年配で仲が良く、ラブシーンの演技のためにキスのやり方まで練習する（このシーンは爆笑ものだ）「良い男たち」を心地よく演じた。これによって、世の男性も捨てたものではないという印象を視聴者に強く印象づけた。

この世は男と女しかいないのだ。究極的には双方が共存共栄する人間関係を築くしか手がないのだから。男性にも女性にも、感動と勇気を与えてくれた素晴らしいドラマだった。

10

『39歳』

喜劇と悲劇の日常を過ごして迎える最高の最期

『39歳』作品情報

制作　SLL
脚本　ユ・ヨンア
演出　キム・サンホ
配信　ネットフリックス
話数　12話
制作・配信年　2022年

〈主な出演者〉
ソン・イェジン
チョン・ミド
キム・ジヒョン
ヨン・ウジン
イ・ムセン
イ・テファン
アン・ソヒ
イ・カニ
パク・チイル
カン・マルグム
イ・ジヒョン
ソ・ヒョンチョル
ナム・ギエ
ソン・ミンジ
チョ・ウォニ

ミジョは児童養護施設（孤児院）から七歳の時に優しい家族の養子となり、今は皮膚科クリニックの院長をやっている才色兼備のしっかり者。

チャニョンは俳優を目指していたが、オーディションに向かう途中で事故に遭って俳優を断念し、今は演技指導者をしている。気丈でサバサバした性格。

ジュヒは奥手で恋愛経験がなく、おっとりとした性格のためにイジラレキャラだが、デパートで化粧品セールスマネージャーをやっている。

三人とも同じ三九歳だが、全員が未婚である。他人からは「婚期を逃した老処女」とからかわれている。

別々の街に住んでいた三人は、ミジョが産みの母親を探す過程で偶然、高校生の時に出会い、それ以来、共に笑い、共に泣く「家族以上の何でも言える親友という言葉でも足りない、かけがえのない存在」として二〇年間を過ごしてきた。「私たちにプライバシーはないの？」とチャニョンが嘆くと、ミジョは「ない！」と即答するほど親密な仲だ。

人生八〇年とすれば、四〇歳はちょうど人生の曲がり角で、折り返し地点。その四〇歳を目前にした三人は、それぞれがそれぞれの人生の「宿題」を抱えて、揺れ動いている。

ミジョは、パニック障害による不眠症のため、しばらく病院を休んでアメリカに行こうと思っている。

チャニョンは、既婚者の元彼とプラトニックな「不倫関係」を続けていることに決着をつけなければと悩んでいる。

ジュヒは、そろそろ結婚しなければと焦っている。

ミジョは児童養護施設で出会った男性が、ミジョが施設に忘れた時計を届けてくれたお礼として彼にシャクヤクを贈る。次に偶然、再会した二人は、シャクヤク（ちなみに花言葉は「恥じらい」）の甘やかな香りとその場の勢いで一夜を共にするが、彼はミジョがアメリカに行っている間に後任の院長として来てもらうことになっていたソヌだった。

チャニョンは元彼のジンソク（芸能事務所の代表）に、「付きあったのは奥さんより私の方が先じゃないの。映画観て、食事するだけの関係はもうイヤ。離婚して自分と一緒になってちょうだい。子どもは私が面倒みて、良い母親になるから」と最後通告をするが、ジンソクは決断ができない。意を決して、チャニョンはジンソクに別れを告げる。

ジュヒは三人の溜まり場であった店が中華料理店「チャイナタウン」に変わったことに不満を覚えるが、自分のために営業時間を遅くまで延ばしてくれた店のマスターシェフである年下のヒョンジュンのことが気になり始める。

そんなある日、三人は仲良く一緒に健康診断を受ける。その結果、チャニョンが膵臓ガンのステージ4で、「手術をすれば一年で、生存率は〇・八％。何もしなければ半年」という余命宣告を受ける。

ミジョとジュヒは懸命に「治療を受けて。私たちはまだ三〇代よ」とチャニョンに懇願するが、チャニョンは「治療は受けない。抗ガン治療をしたら、どうなるか知ってるでしょ。私は病室で残りの人生を無駄にしたくない」と、毅然と、そして頑なに拒む。二人はそれを受け入れるしかなかった。

ミジョは後で回想する。「私たちは生と死を見つめ、その苦しみと向きあうには不十分で未熟すぎる、三〇代の終わりだった」、と。

ジュヒは当たった宝くじをシュレッダーにかけ、チャニョンに「この初めての幸運をあなたにあげる。その代わりに、あと四年生きて」と言う。二人はチャニョンの家にしょっちゅう押しかけては、世話をあれこれ焼き始める。三人は残りの時間を楽しく遊ぶことを選んだ。

「今までできなかったことを全部やろう。地球上で一番楽しく旅立つのよ。最高のラストを飾ろう」と誓いあう。そして、学生時代にミジョがカジュアルな服装で来たせいで入れなかったクラブ（ディスコ）にも行き、互いの下手な踊りをからかって笑う。チャニョンが嫌がっても気にすることなく、三人はいつものように一緒にふざけて笑い、三人でチャニョンの家で雑魚寝しながら、いつもの日常を過ごすことに専念する。

チャニョンは、ジンソクに余命いくばくもないことを告げる。ジンソクは嗚咽しながら、「妻が妊娠したから仕方なく結婚したが、実は息子は他の男の子どもだった。妻とは離婚する。僕が優柔不断で臆病だった」と謝る。しかし、チャニョンは「私はもう責任が取れないから、奥さんと離婚しないで」と頼むが、ジンソクの決意は固かった。

チャニョンはミジョに、「怖いよ、私も。両親には申し訳ないし、心配で、悲しい。ジンソクには気の毒で、ジュヒは可哀想。あんたのことは恋しい。私が男だったら、あんたと結婚していた」と胸の内を吐露する。そして、「私が死ぬまでに、ジンソクを家庭に戻し、ジュヒに彼氏を作り、あんたの実の母を探す」というバケットリスト（生きている内に自分がやりたいことを書きだしたリスト）を宣言する。

しかし、ミジョの実母は詐欺の常習犯で、前科七犯の性悪女だった。その事実を知ったうえで、ミジョは刑務所に会いに行き、実母の無神経な言葉にショックを受ける。

ミジョが三〇歳になった頃から、実母が養父母に「娘に会わせろ」と脅しながら、何度もお金をせびっていたという、おぞましい事実も知る。ミジョはもう一度、刑務所を訪ね、実母に「二度と私の大事な人たちの前に現われないで。あなたは母親でも何でもない」と強く言い放つ。

ある日、家を出たジンソクが、チャニョンの家に旅行カバンを持ってやってくる。そこにミジョとジュヒも一緒になって楽しくやっている時に、チャニョンの母親が、突然訪ねてくる。母親はジンソクのことを娘の彼氏と思いこみ、食事を作ったりしてもてなす。

みんなで楽しく盛りあがっていたその時にやってきたジンソㇰの妻をミジョは外に連れだして、「このまま帰ってください。お願いだから」と号泣しながら、土下座して頼む。ジンソㇰをチャニョンの彼氏と思いこんで、もてなす母親の幸せなひと時を一度でも良いから守りたかったのである。

急に思い立ったチャニョンは、映画のオーディションを受ける。正直に余命が少ないことを言って、「できれば私の出番の撮影は早めにしてほしい」と頼みこみ、見事合格する。

しかし、ジンソㇰの妻は、チャニョンの両親が営む小さな食堂に行って、「二人は不倫している」と暴露する。

チャニョンの母親はミジョら三人を店に呼んで、罵倒しながら、チャニョンを殴ろうとする。その時、チャニョンが初めて自分がガンだということを親に告げ、ジンソㇰとの関係もすべて話す。衝撃を受けた両親は、最後の世話をするためにチャニョンの家にやって来る。

ミジョは、その間に両親の店の改装をしてあげたいというチャニョンの願いを叶える。改装工事が始まる前にみんなが集まって、店の整理をする。

そこに突然、ヒョンジュンがやって来て、「みんな、うちの店をアジトにしていたのに、ボクだけ除け者にするなんて義理がない」と怒る。ホテルのシェフを辞めたことに不満をもつ若い恋人と価値観が違うことで別れた彼を何かと応援するジュヒに、ヒョンジュンは好意を抱いていたのだった。

六人で片付けを終わり、一緒に食事をし、カラオケで歌をうたうことになったが、ミジョは養父が好きな昔の歌謡曲「ロマンについて」をうたいながら、チャニョンを思って涙ぐんでしまう。みんなはその気持ちを察して、降りだした雪を一緒に黙って眺める。

どんどんチャニョンの容態は悪化し、入退院を繰り返すようになるが、チャニョンは納骨堂にジンソクと一緒に行って契約し、写真店で遺影を撮る。

その事実を知ったミジョとジュヒは植物園にチャニョンを連れて行き、たくさんの写真を撮る。ミジョがスマホで撮った、最高の笑顔の一枚がチャニョンの遺影になった。

チャニョンから訃報の連絡先リストを渡され、「リストの基準は、食事の誘いがきたら、一緒に食事をしたい人たち」と聞かされたミジョは、リストの人たちに連絡して招待し、レストランを貸し切りにして、サプライズのブランチを開く。

チャニョンは集まったみんなに「私はもう十分生きました。人の半分しか生きられなかったけど、量より質、最高の人生でした。みんな、ありがとう」と笑いながら挨拶する。

そして降りだした雪を参加者みんなで眺める。ミジョは「誰も泣かなかった。約束したかのように、みんな微笑んでいた」と回想する。

チャニョンは翌年の春まで頑張ったが、時間は無慈悲に流れ、そのまま亡くなる。

チャニョンのワガママな「遺言」をミジョはすべてやりながらも、「映画の封切りを観て、最高得点をつけてね」という願いだけは叶えられなかった。それは出棺の際に、あまりの悲しみで、チャニョンの最後の顔を見られなかったことを申し訳ないと思い、映画を観ることができなかったからだ。それを知ったジュヒは、生前のチャニョンから預かったプレゼントとUSBをミジョに渡す。それはミジョにあてた、チャニョンのビデオメッセージだった。

「感謝が大きすぎると、どう表現して良いか分からない。ブランチに呼んでくれて、ありがとう。おかげで世界一幸せなお別れの会になったわ。あんたを思うと心強い反面、とても心配よ。四〇歳の空気は少し違う？　一緒に歳を取りたかった。あんたはとても親密で、とても大事な人よ。時々、私のことを思いだしてくれるだけで良い。あんたは私にとっても慕う人（親愛なる存在）ってことよ」

残された二人は三人一緒の時とあまり変わらない日々を送っていたが、ミジョは酒に酔うと、他人が出ることを知っていながら、チャニョンのスマホに電話をかける。「あんたが今でも電話に出そうな気がするから」という理由で……。

二人はチャニョンの墓の前で、ミジョはソヌと結婚することを、ジュヒはヒョンジュンと付きあっていることをそれぞれ報告し、三人一緒にいた時のようにふざけ、口喧嘩をしながら、墓を後にする。

私はこの作品を三度観た。一回目は号泣し、二回目は嗚咽し、三回目はストーリーもすべて知っており、フィクションだと分かっているのに、溢れる涙を止めることができなかった。それはこの作品が、親友の若すぎる死を描いていながら、けっしてお涙頂戴になっていないからだった。

人生の日常は喜劇と悲劇が背中合わせになっているものだ。無闇にふざけた作品にはちっとも笑えず、無闇に涙を誘う作品には逆に泣けない私にとって、ガン治療を拒んで、日常を過ごしたいという親友の願いを叶えようと喜劇的に努力する周りの人びとが丁寧に描かれ、心に心地よく沁みるこの作品は、私の涙のツボを刺激してやまない。

韓ドラは、人間の喜怒哀楽を描くのがとても上手い。程よく悲喜劇を織り交ぜてストーリーを展開させる手腕が絶妙なのだ。

たとえば、チャニョンは人生最後になる母親の誕生日にケーキを贈りたいと店に予約するが、その時に体が悲鳴をあげて病院に搬送されたために、ケーキを受け取れない場面がある。閉まった店の前で泣くチャニョンの元に駆けつけた二人は呆然とするが、ミジョの発案で三人は一緒に店のガラスのドアにレンガを投げつけて壊し、ケーキを持ちだして無事に誕生日祝いに間に合わせる。

残った二人は警察に自首するが、事情を知ったケーキ屋の店長は感動し、示談に快く応じる。ここで普通は終わりだが、店長はＳＮＳにこの「事件」をこれ幸いと投稿し、思惑どおり店は「美談の店」として話題のスポットになる。そんな店長にチャニョンが呆れるというオチも忘れない。まさに悲劇と喜劇が融合したシーンだった。

こういう場面が作品の至る所に散りばめられている。チャニョンの映画撮影の時には、二人がフードトラックを準備する。チャニョンは「端役なのに、恥ずかしい」と呆れて怒るが、二人はそんなチャニョンを無視して、主役のイケメン俳優（有名な若手俳優のイム・シワンが実名で出演）にサインをちゃっかりもらう。ミジョなどはそのサインに「商売繁盛」と書いてもらって、クリニックに飾る。

ここまで来ると、笑って良いのか、泣いて良いのか分からなくなる。この悲喜劇の塩梅が悲しみを増幅させ、サプライズのブランチ（いわゆる生前葬ではない）の場面で観る者を号泣させるのだ。そして、最後に「ハリウッド映画でよくある手だけど」と恥ずかしがりながら残したチャニョンのビデオメッセージを観て、「あんたにもう一度会いたい」と泣き伏すミジョの姿に視聴者は自分を投影して、共に涙するのである。

チャニョンが亡くなった後、ジンソクは立派な自分のマンションがあるのに、チャニョンの家から会社に通うシーンも笑える。「婚姻届を出そう」と言っても、最後まで「私は責任がとれない。結婚してすぐに一人になるつもり?」と受け入れないチャニョンの「夫」として生きたいからである。

残された五人は、チャニョンの「遺言」どおり、しょっちゅう集まっては焼肉（サンギョプサル）を食べながら、親交を温めている。まるで、チャニョンが天国から見守っているのを知っているかのように。悲しい話なのに、とにかく終始、このドラマは観ていて心地よい。

それは、ラフマニノフの「ピアノ協奏曲第二番」の心に沁みる優しいメロディーがサウンドトラックとして流れ、素晴らしいOSTが流れていること、美男美女の俳優たちをはじめ周囲の人物がみな心優しい人物として描かれていることが主な要因だろう。

しかし、「悪」の存在を出すことも忘れない。養子にした「娘」に莫大な財産を渡したくなくて、彼女を可愛がっていた妻が死んだ後に養子縁組を破棄させて追いだす、アメリカで成功したソヌの父親。医者として成功したミジョから、カネをせびろうとする刑務所に入っている実母。元彼との子どもをジンソクの子と偽り、ジンソクに愛されていないことを知りながら、離婚を拒絶する妻。

ジュヒの勤める売り場で暴言を吐くクレーマー（カスタマー・ハラスメントの典型的な例）。ジュヒはこの「事件」でデパートを辞め、「チャイナタウン」にアルバイトとして勤め始め、ヒョンジュンとの仲が深くなるのだが、このような「悪」を出すことによって、ドラマがより感動的になるように緻密に計算されているのである。

とくに、ミジョやソヌの妹を同じ孤児院出身者として設定し、ミジョは優しい家族の元に養子として受け入れられるのに、ソヌの妹はピアノをもっと学びたいと言ったがために、養父から残酷な言葉を浴びせかけられ、家を出て、ピアノも諦めるのだが、この二人を対照的に描くことによって、「血縁」という問題をこの作品は提起している。ミジョは温かい家族の元に養子に行っても「孤児だという、親がいないという寂しさや劣等感は消えない」とソヌに告白する。だから、高校生の時に「実母探し」をしたのだが、実母が最低最悪の人間と分かった時、養父母をはじめとする周囲の大事な人たちを守るために、実母に自ら絶縁宣言をする。そして、ソヌの妹に「あなたのピアノの才能は養父のおかげではなく、実父母のＤＮＡのおかげなのよ」と言って、再起を応援する。

ソヌの妹はその言葉に励まされて、オーケストラに入り、ピアノ留学までする。ことほど左様に「血縁」という問題は難しい。しかし、いくら血が繋がっていても、子どもを捨てる人間と、血は繋がっていなくても実の子どものように受け入れ、思いやってくれる人のどちらが大切なのかは明らかだ。大切なのは「血」ではなく、人の「縁」なのだ。自分にとって一番大切な人は、今、自分の周りにいて、温かく見守ってくれる人たちなのである。

ドラマのラストの方で、ミジョが孤児院で自分に懐いていた男の子を養子に迎えるシーンがあるが、これらの問題に対する結論として挿入された場面だと思う。

私の祖母は娘を幼くして亡くした。いつも仏壇に向かって拝んでいたのは、この娘の子だったのだと、祖母が亡くなった後、母から聞いて私は知った。

そして、戦後のどさくさの中、祖母は船の上から女の赤ちゃんを投げ捨てようとしていた朝鮮人の母親を諭し、その子を引き取って育て、立派に育ててから嫁にまで出した。一人息子だった私の父は幼い頃、母親を取られるようで腹が立ち、ずいぶんこの女の子をイジメたようだが、祖母の通夜の時に、私は二人が言い争う姿を見て、とても心が痛んだ。

彼女は自分をイジメたことを責めていたのではなく、いろいろな事情で父が祖母に冷たく接していたことを責めていたのだ。祖母の血を引き継いだ父は祖母を邪険にし、血を受け継いでいない彼女は祖母をいつも気遣っていた。このように血縁関係でなくても、心を通わせることはできる。このドラマはその真実を明かしているように思う。

私が死ぬ時は、できれば余命宣告を受けてから死にたいと思っている。死期が分かれば、自分の持ち物を処分し、家族や友人に最後の別れを告げ、身辺を綺麗に片付けてから逝くことができるからだ。チャニョンのような最期を迎えたいと切に思う。

抗ガン剤治療や手術などを受けるつもりは、まったくない。人生の最後を苦しみながら、病室に閉じこめられるなんて御免こうむりたい。チャニョンは最高の人生を生き、最高の終わり方を、親友のおかげで迎えることができ、親友たちも最高の送り方ができた。

悲しい死とは、突然訪れる死のことだ。いつ死ぬか分からないからこそ、人間は不安になる。突然の死とは地獄のようなものだ。

たとえば、二〇二四年の元旦に起きた能登半島地震。

新年を家族で祝って、くつろいでいた時に、隣のビルが倒壊して家が潰されて死んでいく妻と、成人式を迎えるばかりの娘の死を見つめるしかなかった中年男性。当直で出かけた後に、がけ崩れで、妻と幼い子ども三人を一度に失った若い警察官。死んだ者も、残された者も、この世の地獄を見た人たちだ。このような悲惨な死、そして残された者たちの身を引き裂かれるような悲劇は、言葉では言い尽くせない。

このドラマは、死を突然訪れるものではなく、自分から進んで迎え入れるものとして捉える重要さを強調している。それはけっして自死を意味するのではなく、不治の病を泰然と受け入れるということだ。

最後に出演者について述べたい。『39歳』という内容にちなんで、主役を務めた女性三人はみんな一九八二年生まれの、撮影当時、三九歳だった。そして三人は、見事にそれぞれの役を素敵にこなした。これは奇跡と呼んでも良い、絶妙のキャスティングだった。

ジュヒ役を務めたキム・ジヒョンも、チャニョン役をやったチョン・ミドもミュージカル俳優で、もちろん歌は上手い。だが、劇中でキム・ジヒョンは音痴だという設定で、笑いを誘った。ジュヒは三人の中で一番おっとりした性格ながらも、あまりに親密なミジョとチャニョンの関係に、時おり除け者にされたような気持ちになって嫉妬しながら、重要なことを最後に聞かされる自分の存在とは何かと悩み、残された二人が三人一緒の時のように上手くこれまでのような関係を保てるか苦しむ。しかし、ジュヒは三人の関係を維持する潤滑油のようなとても大切な役どころだった。それをキム・ジヒョンは自然体で演じきった。

チョン・ミドは『賢い医師生活　1・2』で初めてドラマ出演を果たしたが、その素晴らしい演技が話題になり（この時、彼女も音痴の役を演じた）、このドラマにも抜擢されたのだが、死を受けいれて気丈に余命の生活を送り、最後に親友たちをはじめ、関係のある人びとと悔いのない別れを達成する女性を感動的に演じた。サプライズ・ブランチでのたどたどしい挨拶、ミジョに送ったビデオメッセージなど、涙なしでは観ていられないほどの名演技だった。素晴らしい女優だと再認識したものである。

そして、ミジョを演じたソン・イェジン。彼女を初めて観たのは映画『ラブストーリー』（原題『クラシック』、二〇〇三年、クァク・ジェヨン監督）だったが、激動の韓国現代史の中で運命を翻弄される若者たちの姿を、そして偶然見つけた母親の日記から母の激動の半生を知る娘を、母親と娘の二役で演じていた。映画が感動的で素晴らしかったこともあるが、こんなに清楚で美しい女優がいるのだろうかと驚いた記憶がある。

『AERA』二〇〇五年九月三〇日増刊号は「進化する韓流」というタイトルで、ペ・ヨンジュンと共演した映画『四月の雪』（原題『外出』、二〇〇五年、ホ・ジノ監督）を特集しながら、ペ・ヨンジュンとソン・イェジンは次代を担う俳優になるだろうと予言している。

『四月の雪』は交通事故で亡くなった男女が実は不倫関係にあり、残された夫と妻が出会っては許されない関係なのに、愛しあうことになる過程を描いた、完璧な出来の名作だった。ソン・イェジンは若いながら、「濡れ場」も臆することなくやり遂げ、夫に不倫された切ない妻の役を見事に演じきった。

私は記事の「予言」にまったく同意したが、それから約二〇年が過ぎた今、振り返ってみると、その後、ペ・ヨンジュンは『太王四神記《テワンサシンギ》』（二〇〇七年、二四話）に出演したくらいで目だった活躍もなく、事業家に転身して俳優業は引退してしまった。

逆にソン・イェジンは多くのドラマや映画の良作に出続け、『愛の不時着』が世界的に大ヒットし、文字通り韓国ドラマ界のスターとしての地位を確固と築いた。つまり『ＡＥＲＡ』の「予言」は、半分は外れ、半分は当たったのであった。

ソン・イェジンの美しさ、演技の上手さは三九歳になっても健在で、それはこの作品でも存分に発揮されていた。ミジョという難しい役どころを何と巧みに、そして誠実に演じきったことか。この作品が彼女の代表作と言っても過言でないほどの感動を私たちに与えてくれた彼女は、まさに「予言」どおりの名女優になったのである。

11

『悪の花』

夫を疑いながらも信じきる女性刑事の愛

『悪の花』作品情報

制作　スタジオドラゴン
脚本　ユ・ジョンヒ
演出　キム・チョルギュ
放送　tvN
話数　16話（ユーネクストでは27話にして配信）
放送年　2020年

〈主な出演者〉
イ・ジュンギ
ムン・チェウォン
ソ・ヒョヌ
チャン・ヒジン
キム・ジフン
ナム・ギエ
ソン・ジョンハㇰ
チョン・ソヨン
チョ・ギョンスㇰ
チェ・テフン
チェ・ヨンジョン
キム・ジヌ
ユン・ジョンヒ
キム・ギム
チェ・ビョンモ
パㇰ・クァンジェ
ハン・スヨン
チョ・ギョンスㇰ
カン・ヘジン

このドラマはタマネギの皮を一枚一枚剝いていくように、現在と過去を、そして「殺人犯」を追う妻と、正体を隠す夫を交互に描きながら、複雑に絡みあった真相が少しずつ明らかになっていく過程を描いたサスペンス・ラブ・ストーリーである。

よく観ていないとストーリー展開が分かりづらいが、逆に言えば徐々に高揚感が増すスリリングな作りになっているため、粗筋をまとめるのは極めて難しい。それでも未見の読者のために、粗筋を大雑把にまとめて紹介してみよう。


金属工芸作家のヒソンは、育児も家事も完璧にこなす主夫。美しい妻ジウォンは刑事で、可愛い六歳の愛娘とともに平穏で幸せな生活を送っていた。

ある日、週刊誌の記者ムジンは、知人のジウォンから偶然、彼女の夫が金属工芸作家だという話を聞いて興味をもち、ヒソンの工房を訪ねる。

一八年前に自分が住んでいた村で起こった、金属工芸作家ト・ミンソクが六人の女性を殺害した連続殺人事件（七人目の犠牲者は遺体が発見されていない）と、その息子ト・ヒョンスが父の死んだ三か月後に村の里長を殺して逃亡している事件を追っていたムジンは、ヒソンを見た瞬間、彼が幼馴染みで逃亡犯のト・ヒョンスだと気づく。

ヒョンスは格闘のすえにムジンを地下室に監禁し、彼の部屋から高校時代に父親が被害者を閉じこめていた地下牢にムジンが忍びこんで写した映像を探しだし、ムジンに「俺の正体をばらすな。おまえがあの映像を公にしていたら殺人は防げた。代わりにおまえは特ダネを手にできる」と弱みを握って脅迫したため、二人は協力関係になる。

ムジンにヒョンスの情報を提供すると言ってきた中華料理店の主人と、ヒョンスはムジンを装って、姿を見せないまま携帯で話すが、「ヒョンスに脅迫されている。自分はヒョンスに酷いことをしたから、絶対に復讐しに来る」という内容を聞きだす。

数日後の雨の降る日、中華料理店の主人が深夜三時に店内で殺される。夫が夜遅く雨合羽を着て帰ってきたことに違和感をもったジウォンだが、殺人現場の監視カメラの映像に映った男が同じような雨合羽を着ていたことで、初めて夫に不審を抱く。

しかし、ムジンは監禁されていた夜三時に、ヒョンスが雨合羽を着て、自分を脅迫していたことに気づき、彼が犯人ではないことを確信する。

犯人は最後の被害者の夫で、タクシー運転手のギョンチュンだった。未だに見つからない妻の遺体の埋めた場所をヒョンスが知っていると思いこみ、彼に成りすまして模倣殺人を犯せば、ヒョンスに警察の捜査が及ぶと期待したのだった。案の定、警察はト・ヒョンスの再捜査に躍起になり、ジウォンもその先頭に立つ。

その頃、彼らが住んでいた村の老婆が、ヒョンスの成人した顔が映りこんだ写真を持っていると、警察に通報する。すぐにジウォンは向かうが、警察に盗聴器を仕掛けていたギョンチュンも、そしてモンタージュの作製でたまたま警察にいたムジンがヒョンスにそのことを知らせて二人も同時に向かう。

一足先に到着したギョンチュンは老婆を縛りあげ、写真を奪う。そのすぐ後に着いたヒョンスに、ギョンチュンは「後で釣り場の横の民宿で会おう」と言い残して逃げる。呆然とするヒョンスを、ジウォンが追いかける。

ヒョンスは逃げて、大きな農業倉庫に隠れる。そして、暗がりの中で二人は争うが、ジウォンの上に落ちてきた工具をヒョンスは自らの体で受けとめ、ジウォンから奪った手錠をかけて逃げる。しかし現場には、ジウォンがイニシャルをつけて夫に贈ったバンドがついた時計が落ちていた。夫に対する第二の疑念である。

ヒョンスは民宿でギョンチュンと格闘した末に、薬を打たれて拉致される。その現場に到着したジウォンは夫の携帯を見つける。第三の疑念だが、夫がほぼト・ヒョンスだということに気づく。ジウォンはタクシーの運転手が怪しいと睨んで、彼の家を捜索し、最近、新しい鍵に替えたばかりの廃墟に向かう。

廃墟のプールに監禁されたヒョンスに、ギョンチュンは妻の居所を執拗に質問し、「答えるまで苦痛を与える」と脅す。ヒョンスは「何も言えない。身に覚えのないことは証明できないからだ」と正直に言うが、ギョンチュンはプールに水を溜めて水攻めの拷問を行なう。

水がヒョンスのほとんど頭まで達した頃に、警察が到着し、ギョンチュンを逮捕する。

ジウォンは水に浸かった夫を発見し、急いでプールに飛びこみ、夫の口に自分の口を二度、三度とつけて空気を送り、ナイフで縛った綱を切って助ける。

この時のジウォンの必死の形相が凄い。この場面は、このドラマのクライマックスと言っても良いだろう。どのように撮影したのか不思議になるくらい、胸が絞めつけられる迫真のシーンだった。

ヒョンスは一〇日間も生死の間をさ迷い、九死に一生を得るが、目が覚めた後にジウォンの同僚で先輩のチェ刑事に「何故、ギョンチュンは、あなたを殺さずに拷問したのか」などと厳しい事情聴取を受ける。

ヒョンスは「ムジンの取材に同行しただけで、あとは分からない」と言い逃れるが、実は集中治療室のベッドに意識不明で横たわっている時に、「姉さんは平凡に生きてくれ。俺は二度とト・ヒョンスとして生きたくない」とうわごとを呟き、それを横にいたジウォンが聞いていたのだった。

ジウォンは証拠を集めるために、工房の地下室を調べるが、血痕を示すルミノール反応が出たこと、連続殺人事件の時に使われた同じ結束バンドが見つかったことで、夫が「殺人逃亡犯」

ト・ヒョンスであることを確信する。しかし、「無感覚、無関心、共感力の欠如。反社会的パーソナリティ障害の疑い」とする児童心理相談所の所見が、あまりにも夫の性格と違うことで、何かの事情があるのではないかと思いだす。

ヒョンスが残して行ったカバンの中の、他人に絶対触らせないようにしていたカセットテープは、幼い頃に家を出た母親の声だったことも意外だった。ただ、夫には位置追跡アプリを仕込んだ新しい時計をプレゼントして、行先が分かるようにした。

一方、退院したヒョンスは、ムジンと一緒に父親の「共犯」探しを始める。

七人目の被害者の拉致現場を目撃した女性の家にかかってきた電話の録音をやっとムジンが入手するが、「出しゃばるな。俺もあんたを見た。職場も家も全部知っている。雑魚のくせに身の程知らずが」という脅迫音声にかすかに録音された「コッコッ」という音に聞き覚えがあって、ヒョンスは気になっていた。

事件以来、会わずにいた姉ヘスと再会した場で、ヘスは「奥さんを愛しているの?」と訊くと、ヒョンスは「いや、一瞬たりともそう思ったことはない。そんな感情は分からない」と言う。それを、夫の後を追ってきたジウォンが立ち聞きし、ショックを受けて呆然とする。あんなに仲良く愛しあっていたと思っていた夫から、そんな言葉を聞くとは夢にも思わなかったからだ。

次の日、ジウォンは夫とこんな会話をする。「刑事辞めようか?」「辞めても良いよ」「私のこと、愛してる?」「当然だよ」。ジウォンは夫に懐いている幼い娘のためにも、夫がこれまでのようにヒソンとして生きることを無理やり自分に認めさせようとする。

ヒョンスとヘス、そしてムジンは三人で「共犯」探しに没頭する。そして、父の葬儀の時にギョンチュンが妻とペアで作った鯉のストラップをヘスに渡した男が、「共犯」だと確信し始める。しかし、ヘスは記憶が確かではなかったので、催眠療法で記憶を呼び覚ます。そして、男の左手の爪が異常に短かったこと、電話番号を腕に書いてくれたこと、シリコンバンドをはめていたことなどを思いだす。

三人は、被害者の共通点が、失踪しても探す人がいない人物だと気づくが、その場(ムジンのアパート)にジウォンが突然やって来る。三人は慌ててその場を繕うが、その夜、ジウォンは夫に「あなたが嫌いになった。愛が冷めたから憎い。一緒に寝るのも、一緒に食事するのもイヤだから、別れる」と突然告げる。

ヒョンスは「妻が倦怠期みたいだ。ジウォンがとても苦しんでいる。共犯者を捕まえたら、一番、ジウォンが喜ぶはずだ」と二人に話す。そして、「コッコッ」という音が氷を削る音だと気づき、一人で父と昔行ったバーに行く。案の定、そこは人身売買を行なっている連絡所のような場所で、ヒョンスは本丸である「職業案内所」に辿り着く。

一方、ヒョンスが成りすましていた本物のヒソンは一五年も寝たきり状態で眠り続けていたのだが、それを不憫に思った母親が自分も死ぬつもりで呼吸器を外す。すると、奇跡的にヒソンが生き返る。

昔、ヒョンスは殺された中華料理店の主人と三年ほど一緒に働いていたが、彼はカネ欲しさにヒョンスを襲って、ナイフで刺す。ヒョンスは彼から逃げる途中、偶然、ヒソンが運転する車にはねられる。そしてヒソンは、虫の息のヒョンスを自宅の庭に埋めようとする。それを目撃した母親が、息子を刺す。それでヒソンは寝たきり状態になり、ヒソンと母親の罪を隠蔽するため身代わりにヒョンスがヒソンとして生きることになったのだった。

「職業案内所」が人身売買を行なっており、「数人が監禁されている情報を教えるから自分の身元の保証をしてほしい」などと求めて、ヒョンスは実名で警察に通報する。ボスのヨムと一億ウォンを引き換えに、「共犯者」の名前と写真を受け取るためだった。この「職業案内所」が父親に被害者となる女性たちを「提供」していたのだ。

その日、チェ刑事は以前、ヒョンスの写真を持っていると通報してきた老婆から、家に落ちていた録音機があると聞いて、それを復元する。その録音機には老婆の家に向かう途中、ムジンが特ダネほしさにヒョンスとの会話を録音した内容が入っていた。そして、ジウォンの夫がト・ヒョンスだと知る。

チェ刑事はその事実を上司には報告せず、ジウォンを署の屋上で責め、捜査から外れろと言うが、ジウォンは「一度で良いから、目をつぶってちょうだい。私の人生をかけて彼の無実を証明するから。彼が逮捕されれば見世物になる。『殺人鬼の息子』『サイコパス』『妻は刑事』。誰も退屈な真実なんて興味はない。みんな面白がって、彼に石を投げるわ」と頼みこむ。チェ刑事は、ヒョンス姉弟がまた世間の非難と中傷を受ける悲劇を繰り返したくなくて、ジウォンの頼みを聞き入れる。

作戦決行の夜、ヘスがシリコンバンドから探しあてた大学病院の院長を訪ねる。院長はヒソンの父親だった。院長はすぐに、ヒョンスがヨムと取り引きをすることを察知して、ヒョンスが警察に通報しているとヨムに電話で知らせる。

実は、「共犯者」はヒソンで、院長はヒソンがヒョンスの父親と殺人を重ねている時に、偶然、ヒソンの携帯を入手し、ヨムと連絡したことがあったのだ。

ヨムはヒョンスを縛りあげ、すべての証拠を燃やして逃亡しようとする。その時、一緒に行っていたムジンが火災報知器を鳴らし、スマホでライブ配信しながら、場所を警察に通報する。監禁されていた被害者たちを無事に救出した後、ジウォンはヒョンスの所に駆けつけ、ヨムを逮捕した後に、ヒョンスに「逃げて」と頼む。ヒョンスは、すべての秘密を妻に知られたことにショックを受ける。

ヒョンスは、一旦は逃げようとする。しかし、ジウォンはヒョンスを追いかけて行き、「一日でも私があなたになれれば良い。私がどれだけあなたを愛しているか感じてほしい。あなたの正体を知りながら、私が何故、あなたを守ろうとしたか。こうするしかなかったの。一緒に家に帰りましょう」と言う。ヒョンスは「君のことを苦しめて悪かった」と慟哭する。ヒョンスが人生で初めて流した涙だった。

次の日、逮捕されたヨムは治療のために入院していた病院から逃げだし、携帯で院長にカネを要求するが、歩けるほど元気になったヒソンから「もう、おまえは用なしだ」と言われて逆上し、タクシー運転手の妻を「保険」として監禁していた精神病院から連れ出す。しかし、殺されかけたショックで、彼女は記憶を失っていた。

ヒョンスはヨムを警察が逮捕し、院長が「共犯者」だと証明するための作戦を立てたうえで、院長の家に行くが、その意図を見透かしたヒソンの巧妙な計略にひっかかる。ヒソンの家の秘密を暴露すると脅したため、ヒソンが殺した家政婦の殺人犯に仕立てられたのだ。ヒョンスから採取した指紋を、家政婦を縛ったテープに付けて。「俺はおまえが見えるが、おまえには俺が見えない」という不気味なメッセージを残して。

追いつめられたヒョンスは妻を「共犯」にしたくないので、彼女をペーパーナイフで脅した録画をわざと残し、妻を拉致した形で姿をくらます。そして、ヨムと「手を結ぼう。おまえはカネを手に入れ、俺は共犯者の正体を知る」という取り引きをして、かつて父が被害者を監禁していた地下牢に一人で赴く。

そこで、ヨムは殺鼠剤を振りかけた札束を手に入れ、それを嗅いだため死ぬ。

ついにヒョンスとヒソンの二人の対決が始まる。

しかし、その前にヒソンがジウォンと勘違いしてヘスを刺したのだが、ジウォンが狙われている事実を知った警察は、刑事に危険が及ぶのを怖れてジウォンが死亡したという情報を流す。

それを確認したヒョンスは、森の中を逃げるヒソンを狂ったような、殺気だった目で追いつめ、崖の上で押さえこみ、ナイフで殺そうとする。

その瞬間、死んだと思っていた懐かしい妻の「あなた!」という声がしたので、手を止める。

ところが、二人が抱きあった時、取り押さえに行った警官から銃を奪ったヒソンの銃弾が、ヒョンスの頭に命中する。ヒョンスは一命を取り留めたものの、ジウォンと過ごした一四年間の記憶を失っていた……。


ここまで粗筋の概略を書いたが、ドラマ未見の読者には複雑すぎて、よく分からないと思う。最初はヒョンスとヒソンの二役でありながら、後半には本物のヒソンが生き返るなど、あまりにも筋が入り組んでいるせいで、申し訳ないが、ここまで来ると、もうドラマを実際に観てもらうしかないと言うしかない。

しかし、このドラマは無実の罪で追われ、身分と名前を変えて生きるしかなかったヒョンスという夫と、ト・ヒョンスという「殺人犯」の正体が夫だと分かっても、夫を心から愛する妻の二転三転する葛藤を描いた傑作である。


ただ、あまりに都合が良いと言うか、偶然すぎるストーリー展開が随所に散見されるのは残念である。たとえば、ヒョンスを轢いたのが、連続殺人犯の父親と学生時代から関係があり、彼から「最高傑作」と呼ばれたサイコパス共犯者ヒソンだったたという点、院長がヒョンスの正体を知りながら自分の息子の身代わりにする点など、あまりに不自然だ。

また、里長に襲われそうになった姉が里長を殺してしまうのだが、父親のせいで人生を諦めていたヒョンスが姉の身代わりになって、自分を犯人に仕立てるために「証拠」がすぐに見つかるように残し、家に放火してから逃亡生活をした末に、名前と身分を借りてヒソンに成りすますという展開はドラマのキーポイントなのだが、寝たきり状態だったヒソンが急に生き返り、そして短期間の内に歩けるようになり、家政婦を殺すまで元気になるという設定も突拍子がない気がする。これを「奇跡」と呼ぶには無理がありすぎる。

しかし、これらの不自然な設定にもかかわらず、この作品が傑作だとするのは、それらの設定はドラマをスリリングに展開するための、あくまでサブ的なもので、このドラマが描きたかったテーマは、愛する夫が殺人犯かも知れないと疑いながらも、夫を信じる心を捨てさることができない刑事の妻と、「妻は見るものだけを信じ、僕は妻が見たいものだけを見せる。妻は与しやすい相手だ」と思いこんで偽装生活を続けながら、最後には妻を喜ばそうと事件の真相を明かすために身を挺して奔走する夫の究極の夫婦愛を描くことだったからだ。ドラマのキャッチコピーは「愛を演じる男、危うさまで愛する女」だったが、言い得て妙である。

殺人犯の父親が「自殺」（実はヒソンが殺したのだが）した後に、里長は甥にヒョンスに対するデマを流させる。ニワトリを殺して道に放置しておいて、「ヒョンスの仕業だ。ヒョンスは霊に取りつかれている」というデマに、村人はヒョンスをお祓いしようと、ありとあらゆる悪態と罵詈雑言を浴びせながら、ヒョンスを追いつめる。後のヘスの裁判で明らかになるのだが、里長はヒョンスの父親の口座からお祓いの費用だとして、その数倍のカネをせしめていたのだった。

逃亡生活をしながら、ヒョンスはさまざまな苦難を乗り越えるが、中華料理店で一緒に働いていた男にはカネを奪われたうえに腹を刺され、交通事故に遭い、他人に成りすますことになる。その過程で、ヒョンスは感情のない、いや喜怒哀楽の感情をどう表わせば良いのか分からない人間になってしまう。

そこに現われたのが、美しい女性ジウォンだった。ヒョンスは彼女に興味がないふりをしながらも、無意識のうちにジウォンを気遣う。その優しさにジウォンは惚れて、両親（ヒソンの親）の反対を受けながらも二人は結婚することになるのだが、ヒョンスには愛情という感情がない。ただただ、妻が喜ぶ姿を見たいから家事をこなし、子どもが生まれた時は自分でも理解できない不思議な感情を抱く。不器用な子どもがしょっちゅうつまずき、怪我をしながら成長していくように、ヒョンスは家族の中で成長していくのだ。

ヒョンスが時折、鏡の前でユーチューブの画面を観ながら、喜怒哀楽の表情を練習する姿は微笑ましくもあり、痛ましくもある。

感情のない人間というものが、存在するのかどうかは知らない。しかし、感情が希薄な人はいるだろう。ヒョンスが一八年ぶりに再会した姉に「妻を愛したことはない」と言うが、まさにヒョンスの「本性」を言い表わした言葉なのであった。

しかし、姉に「あなたはずいぶん変わったわ」と言われるほどに、ヒョンスは成長していた。ヒョンスは「望むものはないが、今の人生を絶対に失いたくない。家族は大切な存在。家族のことを思うと心が痛む」と思う正常な心をもった人間になっていたのだ。これは自分では気づいていなかったが、愛する妻や娘と一緒に暮らす中で、変化したヒョンスの真情だったのである。だからこそ、刑事の妻が一番喜ぶことをするために、危険も顧みずに警察に通報し、人身売買の巣窟にひとり乗りこむのだ。「君にとってふさわしい人間になりたいんだ」と言い残して。

この人身売買組織は、殺人犯の父親やヒソンにも「良い材料」＝「殺す相手」をカネで売って「供給」していた極悪非道な組織だった。そこに駆けつけたジウォンがヨムに殴られるのを見て、ヒョンスは狂ったように暴れ、ついにロープを切って反撃する。ヨムを制圧した後、ジウォンはヒョンスに「逃げて。身を隠すのは得意でしょ」と言うが、この言葉にヒョンスは深く傷つく。

その後、ジウォンは泣いて詫びるヒョンスに「私には分かる。私を愛しているから泣いているのね」と言う。ヒョンスは初めてジウォンに「愛している」と告白する。そして「僕の人生で君が一番説明できない存在だ。君に会ってから、すべての瞬間が初めてだった」と言いながら、妻にキスをする。「何であなたが一生、罪人のように暮らさないといけないのか悔しい」と言う妻が、ヒョンスの「本性」を劇的に変えたのだった。

家政婦殺しの容疑者になった夫を、妻は疑い、逮捕しようとする。これは、夫を疑いながらも信じていた妻が、初めて夫を「裏切った」瞬間だったが、ヒョンスの妻を守るという決意に変わりはなかった。

「何故、自分がこんな目に遭うのか、さっぱり分からない」と自分の境遇を恨むヒョンスは四か月の昏睡状態から覚め、ジウォンとの結婚生活を忘れた記憶喪失の自分を、妻を騙した酷い男だと思い、ジウォンと離婚する決意をする。

しかし、初めて会うようなジウォンに惹かれる自分もいたため、裁判で証言すると言った里長の甥を「許す」と言う。その帰り道、自動車の中で二人はこんな会話を交わす。

「ウソをつきました。デマを流した奴を許すことなんてできない。僕のウソと真実を区別できますか。僕は何の罪悪感もなく、ウソをつける人間です。相手の気持ちをどう利用するか、よく知っている。刑事さんに感じる今の気持ちが何なのか分からない」

「あなたは私が知っている人じゃない。わざと言っているでしょ」

「似た面を見たら安心し、違う面を見たら失望する。刑事さんは僕の後ろ姿だけ追いかけ、僕は正面を見せたくないから逃げる。堂々巡りで一歩も前に進めない」、と。

二人はともに泣いていた。このシーンを、私は第二のクライマックスだと思っている。何と切ない、胸しめつけるシーンだろう。罪悪感に苦しむ夫、それでも夫を愛する妻。ジウォンは「一度も自分らしく生きたことのない彼が、自分の人生を生きてほしい。別れるのが二人にとって正しい選択だ」と思う。

裁判で正当防衛となって無罪になった姉のヘスは、ヒョンスに「私たちが経験しているこの痛みは、すべてを受け入れるための過程だと分かったわ。私たちはどこかで自分を見失った人間なの。何度もさ迷う。道を失わないためには、出発点に戻るべきなのよ。答えを知っているのは自分自身だけなの」と諭す。

その言葉を聞いて、ヒョンスはジウォンと初めてデートした場所に行き、次に工房に行く。そこで会ったジウォンに、工房の店名である「明星が留まる空間」の意味を説明しながら、「僕があなたを好きになります」と告白し、二人は抱きあう。崇高な妻の愛が、感情のない不幸な夫を救ったのである。

緊張感たっぷりのスリリングな展開に息を呑みながらも、夫婦が絆を深くしていく過程が丁寧に描かれ、涙を誘う。

その第一の貢献者はジウォンを演じたムン・チェウォンである。私は彼女を韓ドラ女優の中でも美人だと思っているが、感極まるとその美しい顔の眉間に皺が寄る。その切羽詰まった表情が、観ていて堪らない。

『王女の男』で、愛する男に矢が放たれるのを身をもって防ごうとする時に見せる、あの切ない表情はおそらく他の女優では無理だろう。素晴らしい女優だと思う。

次に、二人の娘役を演じたチョン・ソヨンの愛くるしい名演技に、魅了された人も多いと思う。実年齢は五、六歳にすぎないのだろうが、父親を愛する、こましゃくれた幼い娘を完璧に演じきった。韓国の子役はみな演技が上手だが、この子は特別に上手かった。

最後に、もちろん主役のイ・ジュンギ。心に深い傷をもち、感情のない男。ヒョンスとヒソンの二役を演じるという難しい離れ業を見事にやってのけた。

彼は、映画『王の男』（二〇〇五年、イ・ジュニク監督）で中性的な男を演じ、韓国で一躍「綺麗な男シンドローム」を巻き起こし、一気にスターダムに駆けあがった。

その後、朝鮮王朝時代末期、父と妹を殺され、自分も無実の罪で追われるが、三年後に日本人商人となって現われて復讐してゆく『朝鮮ガンマン』（二〇一四年、二二話）、殺人容疑の濡れ衣を着せられた男が、骨髄移植を待つ娘のために二週間だけ逃亡する『TWO WEEKS』（二〇一三年、一六話）などの傑作に相次いで出演するが、彼は無実の罪を着せられる男の役が何故か多い。それだけミステリアスなスター性をもっているということだろうか。それは、このドラマでも存分に発揮されている。

この作品は、素晴らしい脚本と演出に見事に応えた俳優たちの名演技によって、夫に対する疑心暗鬼に苦しみながらも、夫を信じきる妻と、自分の正体を最後まで隠そうとする夫のヒリヒリするような緊張感に満ちた「神経戦」を描きながら、どんな困難にも負けない深い夫婦愛を称えた、やはりサスペンス・ラブ・ロマンスの傑作なのであった。

読者に訊きたい。あなたが長年連れ添ってきた最愛の伴侶が、もし正体を隠した犯罪者かも知れない相手だったら、あなたは一体どうするだろうか。

12

『ムービング』

息を呑む超リアル映像と抜群の面白さ

『ムービング』作品情報

制作　STUDIO ＆ＮＥＷ
原作・脚本　カン・プル
演出　パク・インジェ　パク・ユンソ
配信　ディズニー・プラス
話数　20話
制作・配信年　2023年

〈主な出演者〉
リュ・スンリョン
ハン・ヒョジュ
チョ・インソン
イ・ジョンハ
コ・ユンジョン
キム・ドフン
キム・ソンギュン
クァク・ソニョン
チャ・テヒョン
リュ・スンボム
キム・ヒウォン
ムン・ソングン
パク・ヒソン
ヤン・ドングン
チェ・ヒウォン

韓国のウェブトゥーンは着実に成長を遂げ、二〇二八年には世界の市場が三兆五〇〇〇億円に達するのではないかと予測されている。そのため、ウェブトゥーンが韓ドラの原作になる割合が増えている。二〇二一年には二三%に達したが、その後も比率を高めていると思われる。

ウェブトゥーンとは、ウェブとカートゥーン（マンガ）を合わせた造語で、韓国発のウェブコミックの一種。スマホで縦にスクロールしながら読むマンガで、フルカラーである。

ウェブトゥーンを原作にした韓ドラの中で有名な作品は『私のＩＤはカンナム美人』（二〇一八年、一六話）、『Sweet Home　俺と世界の絶望』（二〇二〇年、一〇話）、『ナビレラ　それでも蝶は舞う』（二〇二一年、一二話）、『生まれ変わってもよろしく』（二〇二三年、一二話）、『マスクガール』（二〇二三年、七話）など多数あるので、読者の中にも思い当たる方がいるのではないだろうか。

しかし、ウェブトゥーン原作のこの作品だけは、ドラマ化（実写化）するのは不可能だろうと言われていた。人が飛んだり、不死身の体をもち、建物が一気に破壊されるなど、人間が演じられるレベルの作品ではなかったからだ。ところが、原作者のカン・プルが脚本も担当し、莫大な制作費をかけることによって奇跡的に実現した。制作費はこれまでの韓ドラの中でも最高額の約七〇億円である。

そして、この作品を実現させたもう一つの要因は、特殊撮影の著しい進歩である。この作品はＳＦＸ、ＶＦＸ、ＣＧなどを駆使している。ＳＦＸとは撮影現場で加える特殊効果のこと。ＶＦＸとは現実にある物と、作りあげた架空の映像を合成し、違和感のないように仕上げる視覚効果のこと。ＣＧとはコンピュータ・グラフィックスの略で、コンピュータによって作られた映像のことである。

この三つの技術に共通しているのは、すべて現実にはありえない物や現象を、映像で作りだすという点である。これらの最新技術を使ったからと言って、たやすく映像が制作できるわけではない。綿密な計算と周到な準備のすえに撮影し、その映像を加工するには、細心の作業と膨大な時間が必要になるからだ。そのため、制作費が高騰するというわけだ。

アメリカ映画『ジュラシック・パーク』（一九九三年、スティーブン・スピルバーグ監督）で、無数の恐竜が草原を走りまわり、殺しあうＣＧ映像に私たちは度肝を抜かれた。それから三〇年が過ぎた今、特撮技術は飛躍的に進歩し、もう人間には表現できない映像などないのではないかと思わせる。

この作品も、過去最高の制作費をかけたと言うので興味津々で観始めたものの、最初は『ジュラシック・パーク』のような驚きや華やかさもなく、地味な映像から始まったので期待は萎んだが、観るうちに生身の人間が数百メートルも投げ飛ばされて死んだり、ジェット機と一緒に空中を飛んだり、自動車に何度轢かれても生きかえったりする映像に、ある種、恐竜が襲って来るよりも凄まじい衝撃を受けたものだ。

この作品が配信されるや世界中で大人気になり、結果、釜山《プサン》国際映画祭の「アジア・コンテンツ・アワード」で作品賞、最優秀作家賞、最優秀主演男優賞（リュ・スンリョン）、最優秀新人女優賞（コ・ユンジョン）、最優秀新人俳優賞（イ・ジョンハ）、最優秀視覚効果賞など、史上初の六冠を獲得したのも納得できる傑作なのであった。

ストーリーの概略は次のとおりだ。

超能力をもつ親から生まれた子に超能力が遺伝することを知った安企部（国家安全企画部）の次長は、「国家才能育成計画」を立てて、新しい高校を作る。そこに超能力をもった子どもたちが集められるが、アメリカのＣＩＡは安企部と共同で進めてきた国家機密を知る親たちを暗殺するために刺客を送りこむ。

それを知った親たちは子どもを守るために、刺客を倒すが、育成計画を知った北朝鮮が超能力者たちを韓国に送りこみ、高校で双方入り乱れての大決戦となる。理不尽な命令を出していた南北の親玉はそれぞれ身内の超能力者によって殺され、最後はハッピーエンドかと思いきや、回復能力の超能力をもつＣＩＡの刺客は死んでいなかった……。

一九九〇年代、安企部は超能力者だけを集めたブラック・オプスチーム（任務を効率的に行ない、最大限の成果を出すチームを意味する）を作り、工作員に苛酷な任務を与える。そこで飛行能力をもつムンサン（ブラック要員の暗号名がすべて朝鮮半島の地名というのが笑える）と、五感が異常に優れたミヒョンが出逢い、恋に落ちる。二人の共通点はヒューマニストという点で、もともと非情なスパイ組織には向いていない性格だ。

北朝鮮の主席が死去し、南北関係が改善すると、ブラック・オプスチームは用なしになっていく。安企部も規模と権力を縮小される。まるで激動する韓国現代史を反映しているようなストーリー展開だ。

人生を振り回され、命令に背いて組織から追われ、現役を引退したムンサンとミヒョンとの間に息子ボンソクが生まれ、幸せに暮らしていたが、組織に発見されてムンサンは捕まる。ミヒョンはボンソクを連れて逃げる。ミヒョンはボンソクの浮遊する能力を隠すために、他人に絶対知られてはならないと息子に言い聞かせながら育てる。そして、「南山とんかつ」という店を開くが、「南山《ナムサン》」とはかつて安企部のあった場所の地名である。

ムンサンが北に忍びこみ、主席宮を襲うところは圧巻だ。空中を素早く飛んで移動しながら、大勢の兵士を次々と倒していく。どうやって撮ったのか不思議なくらい、圧倒的なアクション・シーンであった。

一方、クリョンポは驚異的な回復能力をもっていることしか取り柄がなく、それを生かして暴力団の用心棒になるが、やはり組織に裏切られ、追われる身となる。クリョンポはモーテルに身を隠し、生活費は当たり屋となって工面する。車に轢かれて、口から血が噴きだし、脚が九〇度に折れ曲がるが、すぐに回復するシーンをどう撮影したのか不思議でならない。切実なのに、何故かユーモラスな場面だ。

その頃、コーヒーを配達する女性を好きになり、暴力団から二人は一緒に逃げることになるのだが、凄まじい格闘の末に敵を殲滅し、その能力を安企部に見こまれてブラック要員になり、ムンサンとパートナーになって活躍する。

しかし、組織縮小にともなって慣れない事務職につき、時には南に侵入した北の工作員掃討作戦に都合よく駆りだされる。

この時の北の超能力者との戦いが凄まじい。銃弾を体中で受けとめ、手榴弾を体で防ぎ、大きな岩を次々と落とされても突き進む。このシーンなどは特撮だけでは実現できない。俳優の怪我をも厭わない、体を張った演技が必須だが、クリョンポ役のリュ・スンリョンの演技は最高だった。この「任務」の後に生まれたのが、娘のヒスだった。

ヒスもやはり回復能力をもっていた。高校でイジメに遭っている子を見逃すことができず、一七人の不良と一人で闘った末に退学させられ、ボンソクの通う高校に転校してくる。

ボンソクは美しいヒスに一目惚れする。ボンソクは浮遊しないように、母に体重を増やされ、重りを背負って通学していたが、ヒスを見るだけで体が浮遊してしまう。

ある日、学校の階段で浮遊してしまったボンソクの足にヒスがジャンプして引き寄せて事なきを得るが、この時に互いの能力を知った二人は急速に仲良くなる。ヒスの魅力に負けて浮遊しそうになると、ボンソクは円周率を口の中でつぶやくという演出にも笑える。

ヒスは言う。「変じゃなくて、人と違うだけ。特別な存在なだけ。カッコイイと思うよ」、と。徐々に親密になっていく二人のやり取りが可愛く、微笑ましい。これぞ高校生の初恋。

その頃、ブラック要員が次々と殺害される。

チキン屋をやっていたクリョンポも、ターゲットにされる。暗殺指令を受けた刺客が曲がりくねった細い道を超スピードで爆走するシーンは、おそらく合成だろうが、素晴らしく緊張感のある映像だった。配達に向かうクリョンポの運転するバイクをトラックで突き飛ばし、何度も何度も轢く。しかし、クリョンポは死なずに、不死身の刺客と戦う。

　このトラックの中での格闘は、主に外から撮影され、大きく揺れる車体がボコボコになるシーンで表現される。クリョンポは刺客の顔が歪むほど殴り続け（この特撮も驚異的だ）、ブラック要員のリストを燃やして、トラックを刺客もろとも爆破させる。


　次に登場する超能力者は、知能障碍をもつジェマンだ。力が強く、跳躍能力もある。ボンソクのクラスの学級委員長を務める息子（父親と似た超能力を持っている）を心から愛している。高速道路の下で妻が屋台を開いていたが、その清渓川《チョンゲチョン》の上の高速道路が撤去されることになり、露天商たちは激しい反対運動を起こす。清渓川は今やソウル市民の憩いの場所であり、観光名所ともなっているが、撤去の際にこれほどの反対運動があったとは、このドラマを観て初めて知った。

　地下水道（下水道）でジェマンとクリョンポが闘うことになるのだが、このシーンは実際に地下水道のセットを作って撮影したと思われる。暗くて汚い空間や、そこら中に散らばるゴミも忠実に再現されており、制作者の物凄い執念と情熱を感じさせる。

　最後の超能力者は、電気を溜めて発射することのできるバス運転手のケド。彼は同じ高校を不適格者（超能力者として役に立たないという意味）として卒業した後、子どもたちのヒーローである「イナズママン」として活躍していたが、彼のせいでたびたび会場の電気が落ちるのでクビになる。しかし、バス運転手になった今でも、ボンソクの変わらぬヒーローだ。

ボンソクとヒスが町の体育館にいたところを、北の飛行能力をもった工作員が襲ってくる。ヒスを助けるためにボンソクは戦うが、うまく飛べない。何度も試行錯誤を繰り返し、ついに飛行能力を「覚醒」させる。ここで「覚醒」というタイトルが、花火が打ち上げられると同時に出てくるところは、大いに笑った。

これまでヒスを守るために何度も飛行訓練をするが、思いどおりにいかず、電柱にぶつかりそうになったり、池に落ちそうになる描写も素晴らしい。息子の気持ちを知った母は、ついに父の「うまく飛ぶのは、うまく落ちることだ。落ちるのを恐れるな」という言葉を息子に伝える。

深夜の学校に忍び寄る北の超能力者たちは、学生のファイルを入手し、南の超能力者を皆殺しにする任務を受けていた。危機が迫っていることを察知したミヒョンもクリョンポも、ちょうど学校に子どもたちの担任の教員を訪ねていた。そこで南北の超能力者たちによる壮絶な戦いが始まる。息子がまだ学校にいて危険にさらされていることを知ったジェマンも駆けつける。

北にも飛行能力や回復能力をもった超能力者がいた。手を叩いて波動で建物を破壊するナゾの秘密兵器（父が国家反逆罪で処刑され、小さい頃から光の射さない牢獄に入れられていたので、目がよく見えない）も加わり、学校の半分が破壊される。

鉄筋に胸を刺されたクリョンポ。五感を働かせて闘うが、脚を負傷したミヒョン。瓦礫に埋もれたジェマン。

その時、ボンソクが危なっかしい飛び方ながら、学校に駆けつけて母を救う。「イナズママン」だったケドも光線を発射して抗戦する。

皆の力で敵を制圧し、卒業式を無事に迎えるが、ボンソクは黄色いレインコートを着て人を救う「イエローマン」となっていた。北に拘留されていた父も無事に戻ってくる。しかし……。

私は小学生の頃、イジメの親分だった体の大きな子の家に飛んでいき、その子を滅茶苦茶に殴る夢を見たり、中学生の頃には授業中に二階の教室から窓の外ばかり見て、空を飛ぶことを空想したりしていた。時には屋上の手すりの上を歩いてみたりしたこともある。幼さゆえの、愚かな行為だったが、子どもにとって空を飛ぶことは、一つの大きな夢である。この作品は、その子どもの夢を実現させて見せてくれたドラマでもあるとも言えるだろう。

ネットを調べていたら、ライターでコラムニストの渥美志保の抱腹絶倒の文章を見つけた。二〇二三年一〇月一三日に発信されたこの文章で、渥美はこの作品を次のようにまとめていた。「とにかく、とにかく面白い！　胸キュンの恋愛もので、次世代イケメン登場で、大スケールのアクションもので、スリリングなスパイもので、泣けるホームドラマで、とにかく韓国ドラマのいいとこ全部盛りの『ムービング』！」、と。この一言で、このドラマをすべて言い尽くしているように感じた。ドラマを観てから、この文章を読むと、大いに笑えると思う。

観ていてこんなに自分が攻撃されているように痛く感じ、なおかつ爽快で、心温まるドラマも珍しい。「子どもを守るためなら、親はいつだって怪物になれる」というミヒョンの言葉が心に沁みる。とにかく、超現実を超リアルに描いた素晴らしいドラマを、韓ドラ界は超能力者のようについに生みだしたのである。

クリョンポを演じたリュ・スンリョンはとても苛酷なアクション演技ができるとは思えない普通のオジサンなのに、その演技は凄まじい。人が良いだけの、少し頭の足りない男なのに、格闘場面になると急にヒーロー的活躍を見せる。迫真の演技に息を呑む。そのギャップが何とも言えず素晴らしい。

ボンソクを演じた新人俳優のイ・ジョンハは、この作品に出るために体重を三〇キロも増やしたと言う。渥美志保の家では、彼を「ポチャ男」と呼んでいるとか。冴えない、太った高校生が、空を飛ぶ。初めから飛べるのではなく、何度も失敗し、努力して、ついに飛ぶ能力を覚醒させる。これも、そのギャップが、とても面白い。

この二人の愛すべきキャスティングがあったからこそ、この作品は大成功を収めたのだと言える。笑い、シリアスな展開、家族愛、初恋、冷徹なスパイの仕事、凄まじい戦い、すべての要素を囲いこんだ贅沢な傑作。それこそ『ムービング』の真骨頂だろう。

大金を目指して、夥しい大人が子どものゲームをさせられ、失敗すると即射殺されるという衝撃的な内容で世界的に大ヒットした『イカゲーム』(二〇二一年、九話)も、その特撮や現実離れした巨大セット(制作費二一億円)で度肝を抜いた点で、『ムービング』と共通する点が多々ある。もうじきシーズン2が始まるらしいが、『ムービング』のシーズン2も是非期待したいものだ。

追記すると、この作品は、二〇二四年五月に開かれた第六〇回百想芸術大賞のテレビ部門で大賞、脚本賞（カン・プル）、新人演技賞（イ・ジョンハ）の最多三部門も獲得したが、当然の評価であり、結果だろうと思う。

エピローグ

情熱に溢れた韓ドラ制作者たちに拍手

① メッセージ性を忘れない韓ドラ

本書をお読みになって、読者も韓ドラをお好きになられただろうか。もちろん、アメリカをはじめとする欧米のドラマには未だに根強い人気があり、最近は急成長している中国ドラマや台湾ドラマを観ている人も多い。

しかし、韓ドラにはそれらに負けない、いや、それらに勝る優れた点がある。それは、どんな作品でも（駄作も含め）社会的問題を提起しながら、人間や人生を描くことをけっして忘れていないことだ。

一言で言うと、メッセージ性が強い人間ドラマになっている。ドラマという芸術方法は、文学芸術を含めて人間の生きざまや、その存在意義を描きながら、観る者に生きる勇気と希望を与えるところに、その真の価値がある。韓ドラはマクチャンドラマ（泥沼劇）でも、その目的をけっして忘れていない。そこに韓ドラの素晴らしさがある、と私は思っている。

実は、早くからケーブルテレビで韓ドラを鑑賞し始め、私よりハードな韓ドラオタクである、大阪の叔母（私の家の複雑な事情で私と四歳しか違わないが、私は実の姉のように慕ってきた）と月に一、二回は電話で長話をしながら、必ず韓ドラの情報交換をしてきた。

叔母は記憶力が抜群に良く、観た作品のタイトルや出演者の名前をすぐに挙げてみせる。私は視聴した映画やドラマを記録したエクセルの表を見ながら、やっとそれに対応できるのだが、叔母からの情報は韓ドラを選ぶ際に大いに参考になっている。叔母は私にとって今でも貴重な情報源である。

私たちは韓ドラや俳優の好みもほぼ一緒なので、韓ドラの話になるといつも話が長くなり、横で聞いている叔父が呆れるほどだ。このような広がり、連携が私の韓ドラ視聴を強く後押ししてくれたのであった。この場を借りて、叔母に感謝を伝えたい。

② グローバル化したK - コンテンツ

二〇二二年のK - コンテンツの輸出額は、過去最大の一三二億ドルに達したと報じられた。コンテンツ産業の輸出額は、他の主要品目の輸出額を上回っている。

コンテンツの中にはゲーム、マンガ、アニメ、出版、音楽、広告、キャラクター、知識情報など多くの事業体があるが、もちろん映画やドラマも含まれる。

放送番組の輸出額も、初めて五億ドルを突破した。番組の輸出先はグローバルに拡大しており、その最大の輸入国は一九・五％の日本であった。

韓国がこのような文化コンテンツの輸出国になりえた最大の功労者は、金大中《キム・デジュン》大統領（一九二四〜二〇〇九年）である。

金大中大統領は一九九八年の大統領就任演説で「文化産業は二一世紀の重要な基幹産業である」と宣言し、国は「支援はするが、干渉はしない」という、これまでの抑圧的で閉鎖的な政策を大転換させて、積極的な振興政策を打ちだし、創作活動に対する諸々の規制を撤廃、もしくは緩和した。一九九九年に制定された「文化産業振興基本法」はそのスタートとなり、自由な創作活動の保証となったのであった。

その後の歴代大統領も、コンテンツ創作基盤強化のための「制作支援センター」を設立したり、アジア文化産業ネットワークの構築、海外マーケティングの強化、デジタルコンテンツの育成など、金大中路線を継承し、さらに拡充していった。その結果、K‐コンテンツは爆発的に発展し、韓国の誇るグローバル産業・文化として、世界に普及したのである。

つまり韓ドラの今日の隆盛は、国の強力なバックアップがあって、必然的に実現されたものだと言えよう。

最近、中国もこの韓国の文化政策を見習って、多くのコンテンツを輸出し始めたが、問題は一党独裁による専制政治によって多くの厳しい制約を受けながら、中国の映画やドラマが作られているという現状だ。

最近の中国ドラマの日本進出は目覚ましいが（BSでの放送が増えた）、政治的制約をあまり受けない時代劇が中心だということは明らかである。現代劇も配信されてはいるが、韓ドラのように政権を批判し、公権力や財閥を揶揄したり、こきおろすドラマはもともと国から許可されないという事情は、事前に了承しておく必要がある。現代劇では恋愛だけを描くドラマが主になるのは、当然の結果なのだ。

③　韓ドラが直面する新たな問題点

しかし、K‐コンテンツにも問題がないわけではない。

韓ドラの俳優が自殺するケースは少なくない。『マイ・ディア・ミスター　私のおじさん』（二〇一八年、一六話）などの韓ドラに多数出演し、アカデミー賞受賞作『パラサイト　半地下の家族』（二〇一九年、ポン・ジュノ監督）にも出演した有名な俳優、イ・ソンギュンが二〇二三年一二月二七日、車の中で練炭を燃やして自殺したというニュースが飛びこんできて、私は非常に大きなショックを受けた。

彼は違法薬物を使用した容疑で警察の取り調べを複数回受けていたが、本人は「私は事件関係者に恐喝、脅迫されていた被害者だ」と主張し続け、自殺する前日の二六日にも「ウソ発見器での科学的な検証をしてほしい」と弁護士を通じて警察に要請していた。彼は騙されて、違法薬物と知らずに飲んだのかもしれない。彼は何度も薬物反応を調べられたが、いずれも陰性という結果だった。

彼を自殺に追いやったのは誰か。有名俳優の「スキャンダル」に飛びつき、昼夜分かたず取材攻勢をかけ、事実不明の記事を興味本位に報道したマスコミであり、ネット「記者」であり、それをSNSで無責任に拡大し、誹謗中傷した大衆であり、執拗な「捜査」を続けた警察や検察ではないかと批判する声もある。

二〇二四年一月一二日には、『パラサイト』の監督であるポン・ジュノら二〇〇〇人が、イ・ソンギュンの「容疑」に関する警察の取り調べや、報道の真相解明を求める声明を発表した。

日本でも似たような光景はよく見られるが、「容疑者」を不用意に追いこむ軽薄な「世論」には注意しなければならない。まして、今は生成AIの進歩によって、フェイクニュースに世論が左右されかねない危険な時代になっている。

真相は闇の中に消えた。彼は濡れ衣を着せられた被害者だったのかもしれないのだ。渋い低音の声が素晴らしい、惜しい俳優だった。残念でならない。

『冬のソナタ』のペ・ヨンジュンの恋敵役として人気が出たパク・ヨンハはその後、歌手として日本で主に活動しながら人気を博していたが、二〇一〇年に三二歳の若さで自殺して、日本のファンにも大きな衝撃と悲しみを与えたことは記憶に新しい。

その他にも、キム・ソンミンが四三歳、セクハラ疑惑を受けていたチョ・ミンギが五三歳、チェ・ジンシルが三九歳、ユ・ジュウンが二七歳、イ・ウンジュが二四歳で自殺するなど、俳優や芸能界の中には自殺者が多い。そして、そのほとんどが自殺原因は不明である。

韓国は自殺率が高い国としても有名だが、俳優の自殺率も非常に高いのではないか。この原因は鬱病の末とかいう例もあろうが、韓国芸能界には私たちの知らない暗部があるのかもしれない。俳優たちが息長く、そして元気に活躍できる芸能界であるべきだろう。それでこそ、視聴者を魅了する素晴らしい韓ドラの世界を、引き続き作れるはずである。

この問題と関連して言えば、根も葉もない虚偽報道や、ネットユーザーの誹謗中傷で被害を受ける俳優も少なくない。たとえば、『彼女はキレイだった』(二〇一五年)で好演したハリ役のコ・ジュニはこの作品以降、ドラマ出演がない。

実は二〇一九年に「性的接待女優の一人ではないか」という疑惑が起き、彼女はネットで叩かれ、出演が決まっていた『パフューム　恋のリミットは12時間』（二〇一九年、一六話）を自主的に辞退し、その後も自粛を続けた。しかし、この疑惑は完全な誤報（デマ）であり、彼女は二次被害者だったことが明らかになって、やっと二〇二三年、新しいドラマの出演が決まったが、メディアやSNSの誹謗中傷による被害者は後を絶たない。

韓国最大の外食企業を倒すために、ソウルの繁華街に仲間たちとともに小さな居酒屋を開いて、大企業に果敢に立ち向かう若者たちの姿を描いて大人気作品となった『梨泰院《イテウォン》クラス』（二〇二〇年、一六話）で主役を務めたパク・ソジュンも、その被害者の一人だ。

彼の事務所が二〇二四年に入って、SNSの悪質投稿者に「法的な責任を厳しく問う」と宣戦布告をした。誹謗中傷の中身は明らかにされていないが、「セクハラ虚偽事実の流布や、家族への侮辱発言」などではないかと推測される。

韓国では俳優の注目度や人気は非常に高い。それに比例して、根拠のない誹謗中傷を受ける場合も多い。ネットユーザーやSNS利用者の多い韓国では、彼らの発言は大きな影響力をもつ。韓ドラを楽しむためには、インフルエンサーらが再生回数を増やすためだけに、興味本位で悪質な言動やデマを拡散する行為こそ自粛し、根絶やしにしていくべきなのだ。
また、あやふやな「噂」に飛びつき、安易に信じることを、ファンたちは肝に銘じて止めるべきなのである。これ以上の無実の被害者を出さないためにも。

『密会』で紹介した天才俳優、ユ・アイン（三七歳）は現在、違法薬物使用容疑で裁判中である。裁判の中で彼は、「鬱病やパニック障害などで苦しみ、薬物に依存した」と告白している。一日も早く裁判を終え、罪を償い、復帰することを願ってやまない。

彼のように違法薬物に手を出す俳優は少なくないと思われる。苛酷な俳優という仕事が、彼・彼女らを追いこんでいるのだろうか。俳優たちが違法薬物に依存することがないような、エンターテインメント界を作っていく必要があるだろう。

④ 熱意のあまり加速する弊害も

韓ドラには美人で、抜群のプロポーションをした女優がたくさんいるが、整形手術をしたり、過度のダイエットをしている女優も多いらしい。中にはドラマ出演が決まると、数か月前からほとんど絶食する人もいると言う。

『月水金火木土』（二〇二二年、一六話）は、結婚しない、あるいは結婚できない男性を救うために、美しい女性が「契約結婚マスター」という「仕事」を始めるが、人づきあいの苦手な判事と、影のあるスターとの間で三角関係になるという、なかなか面白い作品だった。このヒロインを務めたのがパク・ミニョン（三七歳）であるが、この作品を観ながら、私は彼女が異常に痩せていることに気づき、彼女の健康を心配したことがある。

美男子で卓越した経営能力をもつが、自分しか愛せないナルシストが、自分のそばに置く完璧な秘書が、ある日突然、辞職すると宣言したことで、初めてアタフタと慌てて彼女の気を惹くためにいろいろ努力した末に、最後は二人が結ばれるコメディ・ロマンスの傑作『キム秘書はいったい、なぜ？』（二〇一八年、一六話）に出演した時は、スタイルは良いが、そんなに痩せているとは思わなかったのだが……。

しかし、二〇二四年に放送された『私の夫と結婚して』（一六話）に出演するために、彼女が三七キロまで減量したというニュースには驚いた。これはガン患者という役作りで必要なこととは言え、あまりに苛酷すぎるダイエットではないだろうか。ゆきすぎたダイエットは生死に関わる危険な行為だ。

『夫婦の世界』（二〇二〇年、一六話）や『わかっていても』（二〇二一年、一〇話）で有名になったハン・ソヒ（二九歳）は現在、体重が四七キロだが、二〇二三年八月にネット配信されたファンとの対話の中で、「私みたいに痩せたらダメ。健康を守ってください。私は仕事上、外見を見せることが大事だからダイエットするけど、そうじゃなかったら私も標準体重を維持したい。絶対に美の基準が痩せているか、太っているかになってはいけないと思います」と、胸の内を正直に述べている。

しかし彼女は、日本軍の悪名高い七三一部隊をモチーフにして、人体実験で怪物が生みだされるというホラー・アクション・ドラマ『京城《キョンソン》クリーチャー』（二〇二三年、一〇話）にも出演し、これまでの男を惑わす役柄とはまったく違う泥臭い、体当たりの演技を披露していたが、ガリガリに痩せて、頬はこけ、とても美しいとは思えなかった。

韓ドラを観た女性ファンが、過激なダイエットを続けて、問題になっているというニュースもあった。俳優たちが制作者側から強要されたわけではなく、美しく見せたいという欲求から自主的にダイエットしているのだとしても、外見を絶対視する（ルッキズム）韓国の社会風潮が影響していることは間違いない。フランスでも痩せすぎたファッションモデルは使わないという方向に向かっている今、韓ドラも健康的な美を追求する時ではなかろうか。

⑤ 動画配信サービスの影の側面

さらに深刻な問題が浮上している。プロローグでは定額制動画配信サービスについて肯定的に評価したが、プラスの面の裏には必ずマイナスの面がある。いわゆる「光と影」というやつだ。韓ドラに与えたマイナスの面にも触れざるをえない。

韓国メディアの『スポーツ東亜《トンア》』は二〇二三年七月、「韓国放送局にはキャスティングや企画が終わっていても、未だにプラットフォーム（簡単に言えば、映像コンテンツを観ることができるウェブサイトやサービスのこと）を決められず、保留になっている作品が一〇〇本ある」と報じた。これは有名俳優がキャスティングされたドラマでも例外ではないと言う。

この報道が事実であれば、韓ドラ界にとって深刻な問題である。動画配信サービスにグローバル企業が参入したことによって、制作費が一気に高騰しているため、放送界が深刻な財政難に陥り、ドラマ枠を減らすなどして、危機感が増幅していると言うのだ。

二〇一九年に『キングダム』の制作にグローバル企業であるネットフリックスが参入して以降、俳優の出演料が何と三倍に高騰したため、「二〇二〇年に主役の出演料が一〇〇〇万円だったのに、最近は億単位になっている。韓ドラ界みんなが危機感を体感している」（韓国ドラマ制作会社協会のペ・ジシク事務局長）という指摘もある。

その結果、今は一話を制作するのに、何と平均して約一億六五〇〇万円もかかるようになったと言う。

主演俳優の出演料が急騰するのと反比例するように、端役の出演料は最低賃金を下回っており、その差は開くばかりだという問題も深刻だ。正当な出演料の配分が求められる。

「供給が需要をはるかに超えた『ドラマ過飽和』の副作用がすでに随所に出ている。ユニークな素材を発掘したり、新人を起用する試みも減っている」（『スポーツ東亜』）という指摘と同時に、安東《アンドン》大学融合コンテンツ科のキム・ゴンスク教授は、「今後ますます、興行が保証された作品以外は良いクオリティーを保持するのが難しい環境になれば、韓ドラにこれ以上の発展を期待するのは難しい」と警鐘を鳴らしている。

この危機的状況をどう解決していくかが、放送局や韓ドラの制作会社が解決すべき大きな課題として前途に立ち塞がっている。

二〇二四年、ネットフリックスで配信され、『愛の不時着』以上の視聴率を樹立したと話題になった『涙の女王』（一六話）で主役を演じたキム・スヒョンの一話の出演料が八〇〇〇万円だと噂され、事務所は完全にこれは誤報だと否定したが、一部の俳優の出演料がハリウッド並みに高騰しているのは事実のようだ。

これによって、制作本数が激減し、名の知れた俳優でもオファーがなくなって、仕事のない俳優は副業（ユーチューバー、バラエティー番組や演劇への出演など）で食いつないでいるという「悲惨な」実態も報告されている。

これは韓ドラ業界にとって、深刻な問題であり、今後の韓ドラの発展を妨げる現象である。業界は適正な出演料を守り、俳優たちの出演機会や生活を守る必要がある。そうしてこそ、これまでのように良作を作り続けることが可能になるだろう。

また、毎年、約二万人もが韓国籍を放棄しているという事実は、韓ドラ業界にとっても深刻な問題だ。日本で国籍を喪失・離脱した人は二〇二二年までの一〇年間で約二万人と言われているから、韓国人が国籍を手放すペースは日本の約一〇倍にもなる。主要な原因は「将来への不安」である。韓国国民の一割強である約七三〇万人もが、海外で暮らしていることによって、韓国の異常な少子高齢化はますます加速することだろう。すると、必然的に韓ドラに出演する俳優も、視聴する大衆も減ることになり、これは韓ドラの継続的な発展を阻害する要因になりかねない。

韓ドラやK‐POPの成功で一見華やかに見える韓国社会だが、その恩恵を受けられる人は一部に限られているようだ。国民に見捨てられない、魅力的で住みやすい国を作っていく責務が、韓国社会には課せられている。韓ドラはどの作品も、そんな社会になることを訴えているのだから。

⑥　下請けではない制作スタジオの躍進

韓ドラが多様なジャンルを扱い、良作を量産してきた最大の要因は、それまでテレビ局（地上波）の下請けだった制作会社が、自分たちで企画・制作・展開（販売）まで一貫して行なう制作スタジオとして独立したことではないだろうか。

最大手のスタジオドラゴンは、エンターテイメント事業を展開する「ＣＪ ＥＮＭ」などから二〇一八年に独立した制作スタジオだが、二〇〇六年に開局した同系列のケーブルテレビ（非地上波）のｔｖＮに主に作品を提供して、『愛の不時着』など大ヒットを連発させ、一挙に注目を集めた。これ以降、地上波のテレビ局から独立し、これまでのような決定権をもたない下請け制作会社ではなく、主体性と独自性をもった制作スタジオが次々と設立されていく。

スタジオドラゴンの制作するドラマは世界で苦しみ、人生に疲れている人を励まし、どんな人生にも生きる価値があり、生きる勇気を与えたいという明確なビジョンがあり、どの作品も高い水準を維持している。非常に面白く、いわゆるハズレがほとんどない。

大衆の暇つぶしだったドラマを、社会的メッセージをこめることによって、素晴らしいエンターテインメントに育て、今やグローバル化を目指し、着々とそれを実現しつつある制作スタジオが作品の質を向上させている功績は非常に大きい。

本文でも触れたように、最近の韓ドラの原作はウェブトゥーンが多いが、スタジオＮ（二〇一八年設立）などは、ウェブトゥーンを配信し、その権利をもっている親会社が保有する一四〇万本のウェブトゥーンの作品から自由に選んで、自由に脚色し、ドラマ化できる権利をもっている。マンガは「想像の限界」（撮影可能かどうかなどの自主規制）がないため、作品を自由に肉付けして、新しいドラマ作りが可能なのだと言う。この制作スタジオが作った作品に『女神降臨』

（二〇二〇年、一六話）があるが、大ヒットしたことは記憶に新しい。

制作スタジオのプロデューサーは、以前よりも大きな権限をもっている。会社が抱えている脚本家や演出家と何度も話しあい、たとえば脚本に既視感（デジャブ）のあるストーリーがあれば大胆に変更することも厭わない。こうして多様なジャンルの良質の作品が数多く生みだされるシステムができあがったのである。

良いドラマを作るためには、もちろん良い脚本がなければならないが、この制作スタジオ、そしてプロデューサーが果たしている役割は非常に大きい。脚本家はプロデューサーと共同で脚本を練りあげ、どんな作品でも社会的問題を提起し、人間の本質を描こうとしている。

韓国の脚本家の特徴なのか、俳優のセリフが文学的で詩的な表現になる場合が多い。詩集を読む場面も頻繁に出てくる。最近は一話ごとに小タイトルをつけるドラマが多くなったが、それがその回のストーリー内容を端的に表現しながらも、とてもステキなのである。

たとえば、人気の女性写真家が部下にパワハラされたとウソをつかれ、自殺未遂まで偽装したことで社会から叩かれ、故郷の済州島《チェジュド》に帰るが、そこで癒されて本来の自分を取り戻す『サムダルリへようこそ』（二〇二三年、一六話）の第一一話のタイトルは「輝く人の背後には暗闇がある」といった具合である。韓国では膨大な読書量がないと、脚本家としては成功できないと言っても過言ではないような気がする。

また、女性の視点から韓ドラを長らく分析してきた文教大学の山下英愛《やましたヨンエ》教授は、「（韓国では）家父長制の影響で性別役割分業観が強かったため、女性は自由に外に出にくい。ドラマは家で過ごす女性のものだった」（『朝日新聞』二〇二四年六月二六日付、この状況は日本もまだ同じかも知れない。韓ドラファンに女性が多いのはその結果か）と指摘しながら、一九六〇、七〇年代は多くの脚本家が男性だったが、女性脚本家が一九九〇年代に入り急増して六割に、二〇〇〇年代は九割近くになったという、興味深い統計を示している。

この要因の背景に、企業文化が男性中心で、高学歴の女性が自分の能力を生かして活躍できる場が少なかったことを、山下教授は挙げている。そして、「韓国ドラマに女性の感性に訴えるものが多いのは、歴史的に女性がドラマを見てきたから。そこに、多くの女性脚本家が登場し、新しい感性で次の時代のドラマを作っています。最近は展開が早くなり、人の深い部分をじっくり描いてきた韓国ドラマの良さが失われているとも感じます」と憂慮しながらも、女性たちが脚本を書く韓ドラに大きな期待を寄せている。

韓国では小説や詩にも女性の書き手が増えており、支持と人気を得ている。このように女性の書き手が物語を紡ぐ主流になっていることは、世界の中でジェンダー平等では未だに下位にある韓国や日本の状況を変えうる好ましい材料の一つになるのではないだろうか。とくに韓ドラにおける女性脚本家の台頭は、どんな家庭的な小さな問題にも社会的な普遍性を見いだし、提起している点で、韓ドラの魅力の大きな優位点になっていると思う。

⑦ ワンチームで作りあげる作品に敬意

脚本をドラマ化するのはプロデューサーや演出家の仕事だが、俳優を支える多くのスタッフの努力の賜物だとも言える。韓ドラではよく最終回の最後のシーンで、撮影現場で制作者と俳優全員が一緒に撮った集合写真を流したり、撮影現場を写した写真を流す場合が多いが、これは制作スタッフ全員（ワンチーム）で作りあげたという達成感や一体感を表現しているのではないか。一つひとつのシーンを全力で作っていく現場のスタッフの夥しい汗の努力に、私も心から敬意を表するものだ。

また、韓ドラ独特のＯＳＴ（劇中歌）が素晴らしい。これは韓ドラで登場人物の心情や、情景を色濃く伝える役割を果たす音楽で、ＯＳＴを耳にし、ファンになってから韓ドラを視聴し始めたという人も多いだろう。ＯＳＴが韓ドラではバックミュージックとともに、ドラマの最初から最後までほぼ終始流れている。

たまに日本のドラマを観ると、その静かな展開に逆に違和感をもつことがある。ドラマに合わせた音楽を作りだす作詞家や作曲家の努力も見落としてはならない。今でも鮮明に耳に残っている名曲は、『宮廷女官チャングムの誓い』で子どもたちが古語で合唱する「オナラ（来てください）」や、男性オペラ歌手が壮大に歌いあげるＯＳＴ、『トンイ』で主題歌のようにうたわれるＯＳＴであった。

そして、何よりも俳優たちの演技が絶品である。それは主役だけでなく、熟練の脇役たちの演技がドラマをしっかりと支えている。涙を流す場面、コミカルな場面など、迫真の演技ながら、とても自然で、その上手さに思わず唸ってしまうほどだ。どんな小さな演技でも手を抜かない。子役も驚くほど達者な演技をする。

俳優たちは撮影現場で演出家と相談しながら最善の演技を模索し、本番では俳優の機転でアドリブを入れたりもする。撮影現場はまさに制作スタッフ全員による共同作業、あるいは共働作業なのである。その結果、傑作ドラマが生まれるのは必然だとも言える。

韓ドラの俳優たちが全身全霊をかけられる良作が多いことは、俳優にとっても非常にやりがいがあり、恵まれていることだ、と私は思っている。

また、それぞれの役者の個性を引きだす、細やかな演出も素晴らしい。ある作品に出演していた俳優が、次の作品ではまったく別人のような演技をしているため、同一人物だと気づかない例も多々ある。一般には「カメレオン俳優」と呼ぶのだろうが、韓ドラの俳優たちの演技力には、毎回、感心させられる。

たとえば、『SKYキャッスル　上流階級の妻たち』（二〇一八年）で、ヒステリックで憎たらしい女子高生役を見事に演じたキム・ヘユンは、六年後に制作された『ソンジェ背負って走れ』（二〇二四年、一六話）では、まったく別の顔を見せた。アイドルの推し活をしていた女性が、彼に待ち受ける死の運命を回避するために、過去にタイムスリップして、彼の危機を変えるというストーリーだが、自分の危険を顧みず、懸命にアイドルを守ろうとする彼女を、健気で可愛いとさえ思ったものだ。

また、『涙の女王』で「サイコパスな悪人」を演じて大ブレイクしたパク・ソンフンは、あまりの悪役ぶりにSNSで非難が殺到し、母からは「もう悪役をしないで」と懇願されたと言う。本人は「視聴者の反響が大きかったのは、自分の悪役演技が良かったからだと思うが、次は善人を演じたい」と言っている。ことほど左様に、韓ドラ俳優たちの演技は、観る者に過激な感情移入をさせるほど、真に迫っているのである。

ドラマは主人公だけでは成立しない。脇役や悪役がいてこそ、彼らの演技が素晴らしいからこそ、主人公たちが光り輝くのである。どの役者もそれをよく理解している。その役者根性は見あげたものだ。『キングダム』でゾンビを演じた多くの端役たち（ただ画面に映っているだけのエキストラとは違う）の迫力ある演技には、心が大きく揺さぶられた。彼らにも敬意をこめた拍手を送りたい。

カメラワークも作品ごとに工夫を凝らしている。カメラマンがありきたりの映像に満足していないことがよく分かる。CGも使っていないのに、よくこんな映像が撮れたものだと感心させられることは、一つの作品で何度もある。

たとえば、多くの作品でカーチェイスのようなシーン（時には市場を疾走し、陳列商品をぶっ飛ばし、買い物客を危険にさらすようなスリリングな場面）が出てくるが、緻密に計算、準備され、ハラハラドキドキさせる緊迫感をもった映像に仕上がっているのには感服する。

プロデューサー、脚本家、演出家、音楽家、制作スタッフ、俳優の皆さんすべてに賞賛と慰労の拍手を送りたい。

⑧ 質が劇的に向上した字幕翻訳者の増加

また、かつて韓国映画の字幕翻訳者と言えば、根本理恵くらいしか目立つ人はいなかった。草創期における彼女が果たした役割は賞賛してもしきれないが、韓ドラブームを経て、今は多くの翻訳者の名前を散見することができる。

女性が多いが、男性もいる。毎年、多くの韓ドラが制作されているが、その放送や配信サービスの普及で、手分けして分業制で翻訳しないと間に合わないという事情もあるのだろう。とにかく、ここまで字幕翻訳者が増えたことは歓迎すべきことだ。

私も北朝鮮の映画や韓国の映画の字幕翻訳をしたことがあるが、一回分を最速でやっても最低一週間はかかった記憶がある。膨大な作品を紹介しなければならない業界の事情が字幕翻訳者を多く求めた結果だとも言えるが、これだけ韓国語に精通した日本人や在日コリアンが増えたことは単純に喜ばしい。

しかも、現代劇のセリフには流行語や、単語を短縮した若者言葉(「先生」は正しくは「ソンセンニム」と言うが、最近は短縮した「セム」が主流である。これくらいなら分かるが、最先端の若者言葉は私にはほとんど分からない)、駄洒落や掛け言葉、言い間違い、訛りのきつい方言、英語などの外国語が入り乱れているセリフが、非常にうまく翻訳されている字幕を見ながら感心することがある。

ただ、分かち書きや改行が効果的になされていないケースが少なからず散見されるのは残念である。たとえば、あるドラマでは「警察検察国会議員」と続けて表記されていたが、この場合、「警察　検察　国会議員」と単語の間を少し空けた方が、視聴者の理解が早いのは一目瞭然だ。「ソンジェ頑張れ」と表記するよりは、「ソンジェ　頑張れ」とする方が数段分かりやすい。何故、最近の字幕表記がたびたびこのようになっているのかは不明だが、早急に改善すべき点だと思う。字幕というものは、セリフが終わるまでの短い間で視聴者に最後まで読ませ、瞬時に理解させなければならないからだ。セリフをそのまま訳したような長い字幕が時折あるが、視聴者に不親切である。字幕を読みきる前に画面が変わる場合も少なくない。このような課題は、必ず改善していかなければならないと思う。

未だに誤訳や、極端な意訳による誤解を招く字幕もあることはあるが、韓ドラの字幕翻訳のレベルが確実に上がり、正確になり、上手くなっていることを実感する。韓ドラの字幕翻訳者の苦労を労いながら、経験者として、その活躍にエールを送るものである。

⑨　複雑な伏線が織りなす韓ドラの魅力

最後に、本文では紹介できなかったが、私が観て面白い、または感動したと思える作品は読者の韓ドラ視聴にも少なからぬ参考や助けになると思うので、二〇〇〇年以降に制作・放送・配信された作品を年代順に列挙して紹介してみよう。なお、ここまでの本文中で引用した作品は、必ずしもすべてが私の思う良作ではないことを、ここでお断りしておく。

01年……『ホテリアー』（二〇話）
02年……『星を射る』（一六話）

05年……『悲しき恋歌』（二〇話）
09年……『華麗なる遺産』（二八話）
10年……『済衆院《チェジュンウォン》』（三六話）
11年……『不屈の嫁』（五七話）、『芙蓉閣の女たち　新妓生伝』（五二話）
12年……『蒼のピアニスト』（三〇話）、『棚ぼたのあなた』（五八話）、『妻の資格』（一六話）、『親愛なる者へ』（一六話）
13年……『その冬、風が吹く』（一六話）、『おバカちゃん注意報　ありったけの愛』（一三三話）
14年……『ずる賢いバツイチの恋』（一六話）、『ピノキオ』（二〇話）、『私の人生の春の日』（一六話）、『バッドガイズ　悪い奴ら　1』（一四話）、『ママ　最後の贈りもの』（二四話）、『弁護士の資格』（一六話）、『伝説の魔女　愛を届けるベーカリー』（四〇話）、『ミセン（未生）』（二〇話）、『秘密の扉』（二四話）
15年……『二度目の二十歳』（一六話）、『ラストチャンス　愛と勝利のアッセンブリー』（二〇話）、『純情に惚れる』（一六話）、『離婚弁護士は恋愛中』（一八話）、『オーマイビーナス』（一六話）、『リミット』（一六話）、『一理ある愛』（二〇話）、『キルミー・ヒールミー』（二〇話）
16年……『シグナル』（一六話）、『浪漫ドクターキム・サブ　1・2・3』（二〇一六～二〇年、全五二話）、『耳打ち　愛の言葉』（一七話）

17年……『最強配達人』（一六話）、『医心伝心　脈あり！　恋あり？』（一六話）、『番人　もう一度君を守る』（一六話）、『黄金の私の人生』（五二話）、『愛の迷宮　トンネル』（一六話）、『刑務所のルールブック』（原題『賢い監房生活』、一六話）、『キミに猛ダッシュ　恋のゆくえは』（八話）、『ジャグラス　氷のボスに恋の魔法を』（一六話）、『秘密の森　深い闇の向こうに　1』（一六話）、『魔女の法廷』（一六話）、『アルゴン　隠された真実』（八話）

18年……『親愛なる判事様』（三二話）、『アルハンブラ宮殿の思い出』（一六話）、『ジャスティス検法男女　1・2』（全三八話）、『知ってるワイフ』（一六話）、『ボーイフレンド』（一六話）、『私は道で芸能人を拾った』（一〇話）、『スケッチ　神が予告した未来』（一六話）、『ハムラビ法廷　初恋はツンデレ判事!?』（一六話）、『美味しい初恋　ゴハン行こうよ』（一四話）、『私の彼はエプロン男子』（三二話）、『明日輝く私へ』（四四話）、『私が愛したテリウス』（一六話）、『ロマンスは別冊付録』（一六話）、『チャングムの末裔』（原題『大長今は見ている』、一六話）

19年……『検事ラプソディ』（三二話）、『悲しくて、愛』（原題『悲しい時に愛』、二〇話）、『バガボンド』（一六話）、『王になった男』（一六話）、『サバイバー　60日間の大統領』（一三話）、『補佐官』（二〇話）、『サイコパスダイアリー』（二四話）、『初対面だけど愛しています』（三二話）、『ブラックドッグ　新米教師コ・ハヌル』（一六話）、『ストーブリーグ』（一六話）

20年……『ムーブ・トゥ・ヘブン　私は遺品整理士です』（一〇話）、『カイロス　運命を変える1分』

（一六話）、『パンドラの世界　産後ケアセンター』（八話）、『一度行ってきました』（一〇〇話）、『18アゲイン』（一六話）、『都会の男女の恋愛法』（一七話）、『スタートアップ　夢の扉』（一六話）、『ハイエナ　弁護士たちの生存ゲーム』（一六話）、『私たちのブルース』（二〇話）、『メランコリア　僕らの幸せの方程式』（一六話）

21年……『その年　私たちは』（一六話）、『TIMES　未来からのSOS』（一二話）、『メランコリア　僕らの幸せの方程式』（一六話）、『黒い太陽　コードネーム：アムネシア』（一八話）、『D．P．脱走兵追跡官　1・2』（全一二話）、『海街チャチャチャ』（一六話）、『ムーブ・トゥ・ヘブン　私は遺産整理士です』（一〇話）、『五月の青春』（一二話）、『影美女』（一三話）

22年……『二十五、二十一』（一六話）、『流れ星』（一六話）、『恋愛なんていらない』（一六話）、『今日のウェブトゥーン』（一六話）、『シュルプ』（一六話）、『なぜオ・スジェなのか』（一六話）、『ドクター弁護士』（一六話）、『豚の王』（一二話）、『アンナラスマナラ　魔法の旋律』（六話）、『車輪』（一六話）、『カーテンコール』（一六話）、『未成年裁判』（一〇話）、『社内お見合い』（一二話）、『財閥家の末息子』（一六話）、『ザ・グローリー　輝かしき復讐』（一六話）

23年……『医師チャ・ジョンスク』（一六話）、『スティラー　七つの朝鮮通宝』（一二話）、『良くも、悪くも、だって母親』（一四話）、『マエストラ』（一二話）、『アゲイン・マイ・ライフ　巨悪に挑む検事』（一六話）

24年……『財閥×刑事』（一六話）、『支配種』（一〇話）、『ヒーローではないけれど』（一二話）

一度観て、良かったと思う作品は、時間を少しおいて二度、三度と観なおすことをお勧めする。それは、韓ドラには伏線がこれでもかと仕込まれており、過去と現在を行ったり来たりする場合も多く、登場人物の関係も複雑なため、一度観ただけでは理解できない面もあるからだ。何度も観なおすと、伏線がどのように回収されているか、何故この場面でこの人物が出て来たのか、などを深く理解することができる。私は二度目、三度目に観た時の方がより深い感動を得られる経験をたくさんしてきた。読者にも是非、お勧めしたい。

最近も、二回目で観た『賢い医師生活』にはおおいに笑わされ、泣かされたが、一度観ているのに、先を早く観たいという気持ちと、じっくり味わいたいという相矛盾する気持ちが交錯したものだ。これこそ韓ドラ視聴において、良作を観た時の至福の時間である。

⑩『冬ソナ』から「偏見」を克服した二〇年

韓ドラは老後、自由な時間ができた私の無聊を慰め、一日が短く感じるほど没頭させてくれる魔法の手段である。仕事を現役でやっておられる方には羨ましいかもしれないが、私は韓ドラ視聴で老後を目いっぱいエンジョイしている。
次から次へ、新作が配信されるので、立ちどまる暇さえない。わずか二〇%の確率の良作に出会い、感動するために、今日も私は韓ドラを観続けている。まるで「宝探し」のようなものである。是非とも、多くの方と韓ドラの魅力を共有したいという願いで、この本を書いた。その参考になれば、これほど嬉しいことはない。

「冬ソナ」ブームから、ちょうど二〇年が経つが、その後も、日本では韓ドラブームが何度も起きた。その間、韓ドラも大きく変貌し、発展してきた。一過性のブームではなく、見応えのある良作が次々と制作され、夥しい作品が放送・配信されている。この現実を喜びながらも、韓ドラの前にある深刻な課題を克服して、さらに素晴らしい作品が創られることを心から願ってやまない。

『朝日新聞』二〇二四年五月一八日付の「韓流ドラマ見てますか?」という、興味深いアンケート記事を読んで、感慨を新たにした。
「13年前に、同じテーマでアンケートをとっている。このときは、『よく見ている』11%、『時々見ている』13%だった。合わせて24%。今回『見ている』(週1回以上)は16%で、かつて『よく見る』と答えた割合から比べると微増、『見る』と答えた人全体では微減といったところか」と書かれているが、一六％という数字はけっして低い数字ではないと思う。

ただ、「マクチャンドラマ（泥沼劇）＝韓ドラ」という思いこみが、日本では（とくに男性）今でも強いことを残念に思う。この本で紹介した一二作品は、どれもマクチャンドラマではない。私がマクチャンドラマをあまり好きではないという個人的理由もあるが、マクチャンドラマ以外にも、いやマクチャンドラマ以外のドラマに良作が多いという自然の成り行きであった。

最近、大人気になった『ペントハウス　1・2・3』（二〇二〇～二一年、全四八話）は究極のマクチャンドラマだったが、そのハチャメチャな展開に辟易としたものだ。むろん、マクチャンドラマにも『嘘の嘘』（二〇二〇年、一六話）などの良作はある。しかし、韓ドラの真の魅力は多様な社会的問題を取り上げ、強いメッセージをこめて作られた作品にあることを強調しておきたい。


またこの記事の中で紹介されている投稿文に、私は深い感動を覚えた。次にその全文を紹介してみる。

「私の母は、齢70歳にして『冬のソナタ』の世界に浸り、ペ・ヨンジュンの写真集まで購入しました。戦前教育を受けてきたためか、今まで朝鮮人に偏見があったのに、ペ・ヨンジュンへの恋か憧れか、すっかり消えてしまい、日本統治下での日本人の振る舞いを知り、憤慨するまでになりました。相手を尊敬し憧れることが、かくも偏見というメガネを壊す力になることをまのあたりにしました」（滋賀、63歳女性）

この投稿をした女性の母親のように、韓ドラを観て朝鮮人や韓国への「偏見」を変えた人は多いと思う。私も、軍事独裁政権によって苛酷に弾圧される韓国社会の印象を強くもっていたが、韓ドラを観始めて、韓国や韓国人に対する印象がまったく変わった。俳優を通じて、韓国人への親近感が生まれ、韓国という国に対する「偏見」もなくなった。

偏見というものは、相手を知らない無知から来るものだ。日本における一部のヘイトスピーチなどは、韓ドラを観て韓国への日本国民の印象が良くなったことへの、嫉妬心のような露骨で幼稚な反発にすぎない、と思う。偏見のメガネは、相手をよりよく知ることによって、自然と解消するものではないか。それに、韓ドラは大きく貢献している。

逆もまた真なりで、最近は韓国人の日本文化に対する理解が深まり、人気が高まっている。日本のマンガやアニメ、新型コロナのパンデミック以降に熱狂的なファンが急増しているＪ-ＰＯＰ、ビールや和食などを通じ、若者を中心にして、「日本が好き」という人が増えているのもうなずける。つまり、相手を相互に深く知ることによって、相互信頼が生まれ、仲良くできるものなのである。

韓国社会や韓国人を知る一番手っ取り早い手段は、韓ドラを観ることだ、と私は思っている。一六%という韓ドラ視聴者の数がさらに増え、両国の関係と親善がよりいっそう深まることを願ってやまない。

この本を、韓ドラを制作するのに毎日、汗を流している俳優をはじめ、制作スタッフの皆さん、翻訳に奔走する字幕翻訳者たち、韓ドラ好きの多くの人たち、そしてこれから韓ドラを観ようと思っている人たちに捧げる。

二〇二四年七月七日

趙南哲

著者略歴

趙南哲（チョ・ナムチョル）

詩人・評論家・翻訳家

1955 年　在日朝鮮人三世として広島に生まれる
1977 年　連作詩『風の朝鮮』で第一回統一評論新人賞
　　　　『現代文学読本　金芝河』（共著、清山社刊）
1979 年　朝鮮大学校文学部卒業
1984 年　訳書『光州の人びと』（金午著、朝鮮青年社刊）
1986 年　連作詩集『風の朝鮮』（れんが書房新社刊）
1989 年　詩集『樹の部落』（れんが書房新社刊）
1996 年　詩集『あたたかい水』（花神社刊）
2003 年　詩画集『グッバイアメリカ』（アートン刊）
2023 年　詩集と散文『生きる死の果てに』（コールサック社刊）
　　　　『評伝　金芝河とは何者だったのか——韓国現代詩に見る生』
　　　　（コールサック社刊）

住所　〒 197-0804　東京都あきる野市秋川 3-2-7-1-205
E メール　nam75chol@yahoo.ne.jp

韓ドラの素晴らしき世界

2024 年 10 月 11 日初版発行

著者　趙南哲
編集・発行者　鈴木比佐雄

発行所　株式会社コールサック社
〒 173-0004　東京都板橋区板橋 2-63-4-209 号室
電話　03-5944-3258　FAX　03-5944-3238
suzuki@coal-sack.com　http://www.coal-sack.com
郵便振替　00180-4-741802
印刷管理　株式会社コールサック社　制作部

装画　斉藤美奈子ボツフォード　　装幀　松本菜央

ISBN978-4-86435-628-2　C0074　¥2000E
落丁本・乱丁本はお取り替えいたします。